DEATH NOTE

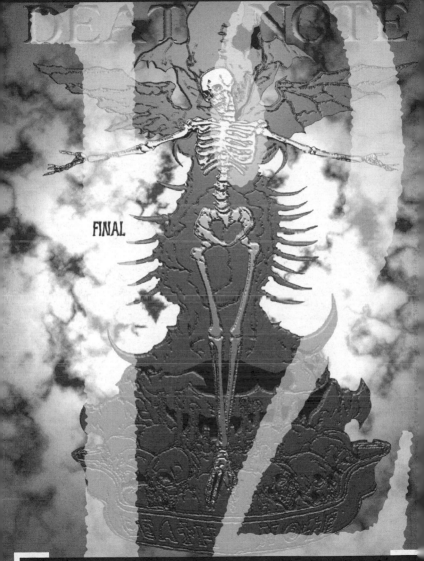

DEATH NOTE
12
Near
Misa Amane
Light Yagami
Ryuk
Mello
ISBN4-08-873621-4
of the note.
), do not know
ssession of the

Kiyomi Takada

Lidner

Gevanni

Rester

Teru Mikami

Matsuda

Sayu Yagami

Sachiko Yagami

Soichiro Yagami

Ide

Aizawa

Mogi

"La persona cuyo nombre quede escrito en este Cuaderno morirá". Ryuk el shinigami –mensajero de la muerte– idea dar un "Cuaderno de la Muerte" al mundo humano. Y quien lo recoge es Light Yagami, también conocido como "Kira" que, con el fin último de moldear una sociedad ideal, desea utilizar el Cuaderno para purgar el mundo de criminales atroces. Y aquel que le persigue se hace llamar "L". Así empieza la lucha psíquica entre los dos. Su disputa parece llegar a su final en el momento en que Light consigue matar a L. Pero cuatro años después, ante un Light que realiza perfectamente al mismo tiempo los papeles del nuevo L y de Kira, y que ata más a su objetivo de moldear un mundo ideal, en los Estados Unidos se ponen en marcha dos individuos que han tomado el relevo de L: Near y Mello. Ambos conocen la existencia del Cuaderno y consideran que hacerse con él es el camino más corto para atrapar a Kira, por lo que toman varias cartas en el asunto. Sin un momento idéntico, Near y Mello logran apoderarse de la libreta, pero más tarde el cuartel general de investigaciones logra recuperarla y Mello desaparece de la circulación. La operación provoca que Soichiro, el padre de Light, añade expirando. Más tarde, Mello se pone en contacto con Near y propone intercambiar información. Varias situaciones e informalidades hacen que se convenza de que Light es el segundo L, y por lo que se trata de desestabilizar el cuartel general de investigaciones. Mientras tanto, Light hace que Misa abandone sus derechos de posesión sobre el Cuaderno y le traspasa la responsabilidad de sustituir a Kira a un idólatra llamado Mikami. No obstante, es incapaz de pasarle instrucciones concretas debido a la estrecha vigilancia a la que está actualmente sometido. Por casualidad, Mikami acaba eligiendo como nueva portavoz de Kira a Kiyomi Takada, ex novia de Light en sus años universitarios. Así, a través de ella, Light consigue entrar en contacto con Mikami. Near se da cuenta del contacto y decide desplazarse a Japón para preparar el escenario de la confrontación final con Kira, lo que consigue cuanto había directamente en contacto con Light y quedan con él para verse las caras. Así, los dos se detienen a pulir sus respectivos planes para el día decisivo. Por su parte, Near sospecha de Mikami y luego se cerciora de que él es el actual sustituto de Kira. ¿Cuál vencerá? ¡Falta muy poco para el choque decisivo! ¿Qué ocurrirá?

VAMOS A CONFUNDIRLES UN POCO MÁS.

SEGURO QUE NECESITÁIS INTERROGARME. NO VAIS A DISPAR...

CHICOS, SOY CÓMPLICE EN EL SECUESTRO DE TAKADA, RECORDADLO.

EY, EY. ¿DESDE CUÁNDO LOS JAPONESES LLEVAN ESAS PEDAZO DE ARMAS?

TEN-
GO
QUE
HA-
CER-
LO...

ESTA
MUJER
ESTÁ
EN
CON-
TACTO
CON
KIRA...

MELLO...
MIHAEL
KEEHL...
SEGURO
QUE LAS
CICATRI-
CES DE LA
CARA SON
DEBIDAS A
LA VIOLEN-
TA EXPLO-
SIÓN...

ES LA
DEL
INDI-
VIDUO
CON
EL QUE
YAGA-
MI ME
DIJO
QUE
DEBÍA
IR CON
MÁS
CUI-
DADO.

ANTES HE
PODIDO...
VERLE LA
CARA...

GRI

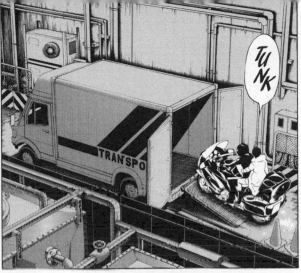

TUNK

ガチャ

TRANSPO

¿PRE-
TENDES
QUE ME
DESNU-
DE...?

QUÍTATE
TODO LO QUE
LLEVES ENCIMA
Y PONLO EN
LA CAJA.

EXACTO. IMAGINO
QUE LLEVAS ALGÚN TIPO
DE LOCALIZADOR PARA QUE
TUS GUARDAESPALDAS PUEDAN
SABER DÓNDE ESTÁS. ASÍ QUE,
A MENOS QUE LO NEUTRALICE,
LOS TENDRÉ TODO EL RATO TRAS
MIS TALONES. CERCA DE AQUÍ
HAY VARIOS PUNTOS DE RE-
COGIDA DE ESTE CAMIÓN DE
TRANSPORTE; MI INTENCIÓN
ES DEJAR TUS PERTENEN-
CIAS EN UNO DE ELLOS.

...

MU... MUY BIEN...

TÁPATE CON ESTA MANTA, SI QUIERES.

RÁPIDO.

PRI... PRIMERO TE DARÉ MI BOLSO, MI MÓVIL Y TODO LO QUE LLEVO EN LOS BOLSILLOS PARA QUE SEPAS QUE NO PUEDO CONTACTAR CON NADIE.

PE... PERO CON LA ROPA... AL MENOS CON LA ROPA INTERIOR, TE PIDO QUE ME DEJES TAPARME CON LA MANTA MIENTRAS ME LA QUITO...

EN EL MÓVIL TENGO LA COSTUMBRE DE BORRAR SIEMPRE EL HISTORIAL DE LLAMADAS PARA QUE NO SE DESCUBRA MI VINCULACIÓN CON T... NO IMPORTA QUE LO EXAMINEN..

PERFECTO...

COMO QUIERAS. ¡PERO HAZLO DE UNA VEZ!

VALE, PERFEC-TO.

AHORA TENDRÁS QUE PORTARTE BIEN DURANTE UN RATO.

CLAC

BRR

EL EQUIPO DE SEGURIDAD DE LA SEÑORA TAKADA Y LA POLICÍA ESTÁN TRABAJANDO CON AHÍNCO PARA LOCALIZAR SU PARADERO.

UNO DE LOS SECUESTRADORES IBA FUERTEMENTE ARMADO Y, COMO APUNTÓ CON SUS ARMAS A LOS GUARDAESPALDAS DE LA SEÑORA TAKADA, ÉSTOS NO TUVIERON MÁS OPCIÓN QUE ABRIR FUEGO...

ES... ESTO ES UN DESAS-TRE...

...

SEGURO. SI LO PIENSAS, NO ES LÓGICO QUE HAYA ENCERRADO A MISAMISA Y LUEGO DEJE SUELTA A TAKADA, QUE PRECISAMENTE ESTÁ EN CONTACTO CON KIRA.

¿OTRA VEZ NEAR?

¿SIGUES SIN PODER, LIGHT?

¡JODER...! ¿QUÉ HA PASADO? ¿QUIÉN HA...?

PERO NO... ESTA MANERA DE ACTUAR NO ES TANTO DE NEAR COMO DE...

NEAR... QUEDAMOS EN VERNOS AL CABO DE TRES DÍAS... ¿QUÉ ESTÁS HACIENDO...?

SÍ, SU MÓVIL ESTÁ APAGADO. CLARO QUE ES NORMAL, SI LA HAN SECUES-TRADO...

¿VOLVERÁ A SOLTAR FELIZMENTE LO DE "LA TENEMOS AQUÍ"?

ES NEAR.

BI BI

SÍ.

ENTENDIDO... ENTONCES, ES COSA DE...

MELLO.

L, EL SECUESTRO DE TAKADA NO ES COSA MÍA.

CONQUE A TRAVÉS DE TAKADA...

NO, IMPOSIBLE. TENGO LOS MEDIOS, PERO ÉL NUNCA RESPONDERÍA EN UNA SITUACIÓN COMO ÉSTA. IMAGINO QUE PRETENDE LLEGAR A KIRA A TRAVÉS DE TAKADA Y QUE QUIERE ACTUAR SOLO.

NEAR... ¿TÚ NO PUEDES PONERTE EN CONTACTO CON MELLO?

SERÉ FRANCO: TENEMOS A UN MIEMBRO INFILTRADO EN LA SEGURIDAD DE TAKADA Y HA CONFIRMADO LA IDENTIDAD DE MELLO COMO EL SECUESTRADOR. LAMENTO QUE HAYA PASADO ESTO, MÁXIME CUANDO UNO DE LOS NUESTROS ESTABA PRESENTE.

EN ESTE SENTIDO, ESTOY IGUAL QUE ÉL... NO, PEOR...

QUE NO MAREARA LA PERDIZ... HOMBRE, NO ME EXTRAÑA... A MI PLAN TAMPOCO LE HACE NINGÚN BIEN, ES UNA VERDADERA MOLESTIA...

SINCERAMENTE, NO QUERÍA QUE NADIE MAREARA MÁS LA PERDIZ DURANTE ESTOS TRES DÍAS... NO TE MIENTO...

SI LO ESTUVIESEN, NO NOS HABRÍA DICHO QUE ES MELLO.

DE ACUERDO. CONFIARÉ EN LO QUE ME HAS DICHO Y CREERÉ QUE NO ESTÁS CONFABULADO CON MELLO.

LOS JEFES DE LA SEGURIDAD PERSONAL DE TAKADA ESTÁN PERMANENTEMENTE AL TANTO DE SU UBICACIÓN, PERO MELLO PROBABLEMENTE SE HA ENCARGADO DE DESACTIVAR CUALQUIER DISPOSITIVO. AUNQUE NO POR ESO PUEDO QUEDARME DE BRAZOS CRUZADOS...

SÍ... NOSOTROS TAMBIÉN...

L, INVERTIREMOS TODOS NUESTROS RECURSOS EN LOCALIZARLES.

SÍ, PERFECTAMENTE.

ASÍ ES: TÚ ERES LA PORTAVOZ DE KIRA. UNA VEZ HABLAMOS DE QUE PODÍAN ATENTAR CONTRA TU VIDA O QUE PODÍA PASAR JUSTO LO QUE HA PASADO. ¿LO RECUERDAS?

TRABAJO DE PRESENTADORA EN LA NHN. ACTUALMENTE APAREZCO A DIARIO EN NEWS 9 Y HAGO DE PORTAVOZ DE KIRA.

KI... KIYOMI TAKADA, NACIDA EL 12 DE JULIO DE 1985...

DIME TU NOMBRE, TU FECHA DE NACIMIENTO Y TU PROFESIÓN.

"ESTÁ HECHO"... PERFECTO, MELLO YA NO... PERO LA CUESTIÓN ES...

SÍ... Y HE HECHO JUSTO LO QUE ME DIJISTE... ESTÁ HECHO...

COMENTAMOS TAMBIÉN QUÉ DEBERÍAS HACER SI ESO OCURRÍA, ¿RECUERDAS?

ESTOY ENCERRADA EN LA CAJA DE UN CAMIÓN... AQUÍ SÓLO HAY UNA MOTO.

AH... PERO HE VISTO QUE NOS METÍAMOS EN LA AUTOPISTA Y UN CARTEL QUE DECÍA QUE ÍBAMOS EN DIRECCIÓN NAGANO...

¿NO LO SABES?

NO LO SÉ...

TAKADA, NO TE PREOCUPES. ESTÁS MANTENIENDO MUY BIEN LA SANGRE FRÍA. BUENO, ¿TIENES IDEA DE DÓNDE TE ENCUENTRAS?

AIZAWA E IDE, VAMOS. MATSUDA, TE QUEDAS AQUÍ.

DE ACUER-DO.

TEC

TEC

VALE, ASÍ PODRÁS VOLVER A USAR EL MÓVIL... SI CREES QUE PUEDES DEJARLO ENCENDIDO, HAZLO. NOSOTROS IREMOS SIGUIENDO EL RASTRO MIENTRAS NOS DIRIGIMOS HACIA NAGANO.

BIP

BIP

BIP

HARÉ LO QUE ME DIJO YAGAMI... HACER TANTAS PURGAS COMO PUEDA POR SI, POR LO QUE PUDIERA OCURRIR, TUVIESE QUE ESTAR EN DIQUE SECO DURANTE VARIOS DÍAS...

LA COLABORACIÓN ENTRE EL EQUIPO DE SEGURIDAD Y LA POLICÍA HA...

FISCALÍA DE NISHI-TOKYO

¡TAKA-DA...!

SOY YO...

BI BI

ASÍ QUE... LO ÚNICO SEGURO ES QUE NO ESTÁ EN DISPOSICIÓN DE MOVERSE...

SI ME ESTÁ LLAMANDO DE ESTA MANERA ES QUE... HA ASESINADO A SU SECUESTRADOR...

AJÁ, SÍ. ENTENDIDO.

NECESITO ENCARGARME DE TANTAS PURGAS COMO PUEDA... MI DIRECCIÓN ES...

VOY AL LUGAR DE LOS HECHOS, NAKAJIMA.

BIEN.

EL DÍA 28 SEREMOS LIBRES. DE MOMENTO, BASTARÁ CON UNA LISTA PARA DOS DÍAS...

DE ACUERDO.

¿KARUIZAWA? MIERDA, TARDA-REMOS AL MENOS MEDIA HORA BIEN BUENA.

LA HEMOS LOCALIZADO. ESTÁ EN DIRECCIÓN KARUIZAWA, POR LA AUTO-PISTA.

LO SÉ.

APRESURAOS, POR FAVOR. NOS ENFRENTA-MOS A MELLO. ES CAPAZ DE CUALQUIER COSA.

YA ME DIRAS QUÉ EMO-CIÓN TIENE ESTO.

TSK... QUÉ IMBÉCILES LLEGAN A SER AIZAWA E IDE. MIRA QUE TOMAR LA INICIATIVA Y SENTARSE DELANTE...

CUC CUC CUC CUC

ADEMÁS, AHORA QUE HE QUEDADO CON NEAR YA NO NECE-SITO A TAKADA.

Y LO MÁS IMPORTANTE ES QUE, AHO-RA QUE ELLA HA MATADO A MELLO, SI LOS DE NEAR LA LOCALIZAN ANTES QUE YO Y EN-CUENTRAN EL PAPEL CON EL NOMBRE DE MELLO ESCRITO, LA SITUACIÓN SE PUEDE ENTURBIAR MUCHO.

EN FIN, SÓLO CON TAKA-DA NO SE VA A SOLU-CIONAR TODO EL ASUN-TO...

NO ESPE-RABA TENER QUE USAR ASÍ ESTE RECUR-SO QUE ME DEJÉ PREPA-RADO POR SI LAS MOS-CAS...

CLAC

PE...
PERO
SI...
ME-
LLO...

Kiyomi Takada Suicidio
14.32 h del 26 de enero de 2010
Se suicida quemándose tras incinerar
todas sus pertenencias y escritos.

¿QUÉ HA
PASA-
DO...?

LA CAUSA DE LA MUERTE ES LA INFLAMACIÓN DE LA GASOLINA DE UN CAMIÓN DE DOS TONELADAS Y UNA MOTOCICLETA QUE SE ENCONTRABAN EN EL INTERIOR DE LA IGLESIA, QUE HA ARDIDO HASTA LOS CIMIENTOS.

LAMENTAMOS TENER QUE INFORMARLES QUE, DE LOS DOS CUERPOS ENCONTRADOS EN EL LUGAR... LOS FORENSES HAN IDENTIFICADO A UNO COMO EL DE LA PRESENTADORA KIYOMI TAKADA Y ASÍ LO HA CONFIRMADO OFICIALMENTE EL CUERPO DE POLICÍA.

LA IDENTIFICACIÓN DEL OTRO CADÁVER, QUE POSIBLEMENTE PERTENEZCA AL SECUESTRADOR, ES COMPLICADA POR...

PAGE.100 ENFRENTAMIENTO

LAS NORMAS DE ASESINATO DE LA YOTSUBA DEJABAN CLARO QUE CON EL CUADERNO NO SE PUEDE MATAR A ALGUIEN DE LA MANERA DESEADA SI ELLO CONLLEVA LA MUERTE DE OTRO U OTROS...

¿QUÉ ESTÁ PASANDO...? SÍ QUE SE PUEDE CONSIDERAR QUE TEMÍA QUE TAKADA DELATARA ALGO SOBRE EL QUE SE ENCARGA AHORA DE LAS PURGAS, PERO... ¿QUÉ HAY DE MELLO, CUYO ROSTRO Y NOMBRE NO ERAN PÚBLICAMENTE CONOCIDOS...?

EL PROBLEMA ES QUÉ PENSARÁ NEAR Y CÓMO ACTUARÁ ANTE LA MUERTE DE ESTOS DOS...

BIEN, POR EL MOMENTO NO ENCONTRARÁN NADA NI EN EL LUGAR NI EN LOS CUERPOS.

HM...

SI...

BUENO, TENGAN VIGILADO A MIKAMI HASTA EL ÚLTIMO SEGUNDO, DE MODO QUE EL DÍA 28 PUEDA ESTAR A LA UNA EN LOS MUELLES DAIKOKU.

BI BI

Lidner

CÓJALO.

NEAR, ES LIDNER.

NEAR...

ESTO NO AFECTA AL PLAN...

SIENDO ASÍ, MIKAMI... NO, MEJOR PENSAR QUE KIRA (LIGHT YAGAMI) HARÁ QUE MIKAMI SE PONGA EN MOVIMIENTO JUSTO CUANDO GEVANNI SE SEPARE DE ÉL PARA PODER LLEGAR A LA CITA DE LA UNA...

¿SÍ?

NO PASA NADA.

LO SIENTO... NO ESPERABA QUE MELLO SE...

?!

EL PROBLEMA HA SIDO SOLUCIONADO.

MIENTRAS NO HAYA NINGÚN CAMBIO EN NUESTRA CITA CON L-LIGHT YAGAMI, YA ESTÁ BIEN.

¡ELIGE NUESTRA CADENA, KIRA!

NOS APENA PROFUNDAMENTE LA NOTICIA DEL FALLECIMIENTO DE LA PRESENTADORA TAKADA, PERO...

POR FAVOR, VUELVE A SAKURA TV...

LA NHN ESTÁ...

NADA MÁS CONFIRMARSE LA MUERTE DE TAKADA, TODAS LAS CADENAS SE HAN PUESTO A COMPETIR PARA QUE KIRA LAS ELIJA COMO NUEVAS PORTAVOCES...

Y QUE LO DIGAS...

ES HORRIBLE...

...

LA ÚNICA COSA A TENER EN CUENTA ES LA POSIBILIDAD DE QUE NEAR ORQUESTARA EL SECUESTRO DE TAKADA POR PARTE DE MELLO...

NO HAY NINGÚN PROBLEMA, MIKAMI NO HARÁ NADA HASTA EL DÍA 28...

LAS PURGAS DE ANOCHE SE REALIZARON SIN NOVEDAD. ESTO SIGNIFICA QUE LA COMUNICACIÓN ENTRE TAKADA Y MIKAMI FUNCIONÓ BIEN...

NUNCA HABRÍA PROPUESTO ESE DÍA SI HUBIERA SABIDO QUE MELLO SE PONDRÍA EN MARCHA ANTES...

NO... FUE NEAR EL QUE PROPUSO QUEDAR EL 28 A LA UNA.

SI HUBIESE SABIDO QUE MELLO APARECERÍA Y PODRÍA PONER EN PELIGRO LA VIDA DE TAKADA, NO HABRÍA PROPUESTO ESE DÍA.

UN PLAN QUE CULMINA EL DÍA 28 A LA UNA.

NEAR TIENE SU ORGULLO Y NO CAMBIARÍA LA FECHA NI LA HORA Y LO MÁS IMPORTANTE, ÉL TIENE SU PROPIO PLAN TAMBIÉN.

Y, PARA EMPEZAR, NEAR SABE QUE NO SACARÁN NADA EN CLARO DE ELLAS. LO QUE MÁS LE IMPORTA AHORA ES SEGUIR ADELANTE CON SU PLAN...

TARDARÁN UN TIEMPO EN HACER LAS AUTOPSIAS DE TAKADA Y MELLO.

MELLO ACTUÓ POR SU CUENTA, PUES... DE MODO QUE EL HOMBRE QUE LE AYUDÓ A RAPTAR A TAKADA TENÍA QUE SER UNO DE LOS SUYOS...

BI BI

ES NEAR.

!

32

CLARO. RECUERDA QUE, POR MI PARTE, NO HAY NINGUNA.

¿TE PARECE QUE MANTENGA-MOS TAL CUAL EL RESTO DE CONDICIONES?

...NI TAMPOCO EL DE NEAR... SEGURO QUE A ÉL TAMPOCO LE QUITA EL SUEÑO EL HECHO QUE UN PAR DE POSIBLES ELEMENTOS SOBRANTES HAYAN SIDO ERRADICADOS...

AL FIN Y AL CABO, NADA MÁS CERRAR ESTE ASUNTO EL DÍA 28, TAKADA HABRÍA DEJADO DE SERME ÚTIL, POR LO QUE PENSABA ENCARGARME DE ELLA... MEJOR CONSIDERAR QUE HA DESAPARECIDO DEL MAPA CON UN POCO DE ADELANTO... ESTO NO OBSTACULIZA MI PLAN...

BLP

BLP

NOS VEREMOS PUES PASADO MAÑANA.

N

SÍ.

MATSUDA... IDE... EL DÍA 28 PODRÍAMOS MORIR TODOS... ¿SOIS CONSCIENTES DE ESO...?

SÍ... AUNQUE NO TENGO NI IDEA DE QUÉ ES LO QUE NEAR QUIERE MOSTRARNOS...

¡YA ES PASADO MAÑANA. ¡QUÉ NERVIOS!

SÍ, NO HAY PROBLEMA.

¿TE DARÁ TIEMPO?

¿SÍ?

GEVANNI.

SÍ.

A POR TODAS.

COMANDANTE RESTER, LIDNER, GEVANNI...

...

28 DE ENERO DE 2010

VOY PARA ALLÁ CON MR. MOGI Y AMANE.

DE ACUER-DO.

BIEN. VEN TÚ TAMBIÉN HACIA AQUÍ, GEVANNI.

MIKAMI HA ENTRADO A LA OFICINA A LA MISMA HORA QUE SIEMPRE.

NO CREO QUE NEAR NOS MUESTRE NADA QUE PUEDA SOLUCIONAR EL CASO, PERO TENDRÉ QUE IR.

ES... ES EL GRAN DÍA, LIGHT.

...

BUENO, VAMOS A SACAR EL CUADERNO... TECLEAD CADA UNO VUESTRO CÓDIGO SECRETO.

ER... ¡SÍ!

Y NOSOTROS TAMBIÉN...

BI BI

BI BI

N

ES NEAR.

BUENOS DÍAS...

N BUENOS DÍAS A TODOS.

PARA EMPEZAR, HEMOS SOLTADO A AMANE. PUEDES LLAMARLA SI QUIERES.

¡NO, NO ENTIENDO NADA, PEO ESTOY EN LA SUITE MÁS LUJOSA DEL HOTEL IMPERIAL! ¿SERÁ QUE HAN QUERIDO DISCULPARSE? ¡NO SÉ, PERO ES GENIAL!

BIP BIP BIP

NEAR, NECESITO QUE SE PONGA MOGI. PARA PODER SACAR LA LIBRETA QUE TENEMOS GUARDADA EN EL CUARTEL NECESITAMOS UN NÚMERO SECRETO QUE SÓLO ÉL CONOCE.

MUY BIEN, TE LO PASO.

¡¡SÍ!!

¿NO ME DIGAS? PERFECTO, PUES ESPERA AHÍ UNAS HORAS.

YA SÓLO FALTA MI NÚMERO...

BIP BIP BIP

SOY MOGI. EL NÚMERO ES 62-324.

...

LA LIBRETA ASESINA...

TE LO AGRADEZCO. NOS VEREMOS ALLÍ.

AIZAWA ES EL MEJOR PARA TI, ¿NO CREES? PERMÍTEME TENER ESTA CONSIDERACIÓN CONTIGO.

¿OH? L, ¿TE PARECE BIEN QUE SEA MR. AIZAWA QUIEN LO TENGA?

...NEAR... EL CUADERNO QUE ESTABA AQUÍ GUARDADO LO TENGO AHORA EN MIS MANOS.

ESTO LO ZANJARÁ TODO...

MELLO Y TAKADA YA ESTÁN MUERTOS, CON LO QUE NO QUEDA NI UN SOLO ELEMENTO DE DISCORDIA.

HOY NACERÁ EL MUNDO PERFECTO DE KIRA.

TODOS LOS DEMÁS QUE CONOCEN LA EXISTENCIA DE LOS CUADERNOS MORIRÁN. ¡Y YO ASCENDERÉ A MI TRONO! ¡COMO KIRA! ¡COMO DIOS DEL NUEVO MUNDO! L, NEAR, MELLO... SE ACABÓ TENER QUE LIDIAR CON ESTÚPIDOS COMO VOSOTROS, QUE OSAN CONTRADECIR A UN DIOS.

MIKAMI SERÁ EL EJECUTOR... Y A ÉL SÍ PUEDO MANEJARLE... ÉL SERÁ EL ÚNICO AL QUE PERMITIRÉ SEGUIR VIVIENDO, PARA QUE ME SIRVA COMO "OJO".

HOY SE ESCRIBIRÁN... LOS NOMBRES DE NEAR Y DE LOS MIEMBROS DE LA SPK Y EL CUARTEL JAPONÉS DE INVESTIGACIONES...

新幹線のりば
Shinkansen Tracks

¡OH, ES VERDAD!

PARECE QUE NEAR Y LOS SUYOS YA HAN LLEGADO.

!

CLARO, NINGÚN PROBLEMA.

AIZAWA, ENTRA TÚ PRIMERO CON MATSUDA.

ASEGURAOS DE QUE SE CUMPLEN LAS CONDICIONES DE NO HABER INSTALADO TRANSMISORES NI CÁMARAS, DE QUE LOS QUE ESTÁN DENTRO SON LOS MIEMBROS DE LA SPK, Y DE QUE MOGI ESTÁ CON ELLOS.

OH, YA VUELVEN.

LOS QUE ESTÁN AHÍ DENTRO SON NEAR Y LOS SUYOS. LO PUEDO ASEGURAR.

...

¿EH? PERO...

¡AUUU!

BUENO, YA ME IMAGINO EL PLAN DE NEAR... ESTÁ TODO CONTROLADO...

?!

BIEN, ES CORRECTO. NO HEMOS DETECTADO NINGÚN MECANISMO.

¿QUÉ TAL, AIZAWA?

ENTREMOS, PUES.

TAP

TAP

PAGE.101 GUIADO

NO TIENES NINGÚN DERECHO A LLEVAR SU MÁSCARA.

NEAR, TÚ ERES MUY INFERIOR A L...

KIRA SERÁ DESTRUIDO AQUÍ Y AHORA.

LIGHT YAGAMI... KIRA... SE ACABÓ.

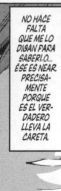NO HACE FALTA QUE ME LO DIGAN PARA SABERLO... ÉSE ES NEAR. PRECISAMENTE PORQUE ES EL VERDADERO LLEVA LA CARETA.

AIZAWA, MOGI... ESTEMOS ANTE NEAR O NO, A MÍ NO ME INCUMBE EN ABSOLUTO.

SÍ, YO HE ESTADO CON ÉL HASTA QUE SE HA PUESTO LA MÁSCARA Y TAMBIÉN AFIRMO QUE ES NEAR.

L... ESTOS CUATRO SON DE LA SPK... Y EL DE LA MÁSCARA ES NEAR... LO CERTIFICO.

PE... PERO ÉL MISMO DIJO QUE QUERÍA VERTE EN PERSONA, ¡NO ME PARECE JUSTO...!

MATSUDA, NEAR PIENSA QUE YO SOY KIRA. ¿QUÉ QUIERES QUE HAGA?

PE... PERO YO NO ESTOY DE ACUERDO... TIENE TODO EL DERECHO DEL MUNDO A SOSPECHAR DE QUIEN LE DÉ LA GANA, PERO ESA MÁSCARA DELATA CLARAMENTE QUE NO QUIERE JUGARSE LA VIDA. ¿Y A LOS DEMÁS QUÉ? ¿QUE NOS ZURZAN?

SI NEAR NO SE ACABA QUITANDO LA CARETA, NO LLEVARÁ A CABO EL PLAN QUE YO CREÍA QUE ADOPTARÍA... PERO ESO ES IMPOSIBLE; SE LA ACABARÁ QUITANDO.

IMAGINO QUE TIENE SUS RAZONES PARA ACTUAR ASÍ. SI NOS PASAMOS EL RATO DISCUTIENDO SOBRE SU MÁSCARA, ESTE ASUNTO NO AVANZARÁ.

¿PRECAUCIÓN?

ESTA MÁSCARA...

ES POR PRECAUCIÓN.

POR SUPUESTO, CREO QUE L ES KIRA, ASÍ QUE... COMO EL LUGAR Y LA HORA DE ESTA CITA FUERON DECIDIDOS HACE TRES DÍAS...

PERO EXISTEN POSIBILIDADES DE QUE CONOZCAN LOS ROSTROS DE LOS DEMÁS QUE ESTÁIS AQUÍ.

AHORA SÉ SOBRE SEGURO QUE... NI KIRA NI EL QUE ESTÁ RECIBIENDO INSTRUCCIONES DE KIRA PARA REALIZAR LAS PURGAS, AL QUE LLAMO X-KIRA, CONOCEN MI CARA.

···

...HAY POSIBILIDADES DE QUE MUERA ALGUIEN APARTE DE MÍ, PORQUE SU NOMBRE O NOMBRES YA HAN SIDO PLASMADOS DE ANTEMANO EN UNA LIBRETA.

AUNQUE TAMBIÉN ES CIERTO QUE, SEGÚN DEDUZCO, EL KIRA QUE ESTÁ AQUÍ NO PUEDE MATAR SOLAMENTE CON VER LA CARA DE ALGUIEN...

SI ESO OCURRIERA, QUEDARÍAMOS SOLAMENTE KIRA Y YO. ASÍ, BASTARÍA CON QUE KIRA RECOGIERA EL CUADERNO QUE TIENE MR. AIZAWA Y ESCRIBIERA MI NOMBRE.

SI LIGHT ES KIRA, EXISTEN POSIBILIDADES DE QUE ESO OCURRA. ESPECIALMENTE SI CONSIDERAMOS QUE LOS DEL CUARTEL GENERAL YA NO SOMOS NECESARIOS...

QU... ¿QUÉ DICES? ¿PRETENDES ESPERAR A VER SI MORIMOS...?

ASÍ QUE QUISIERA ESPERAR UNA HORA... O TAL VEZ MEDIA HORA BASTE, PARA VER SI ALGUNO DE VOSOTROS ES CONTROLADO Y MUERE.

VOY A PROBARLO, A VER QUÉ TAL.

EN REALIDAD, NEAR BARAJA LA POSIBILIDAD DE QUE NOS QUEDEMOS A SOLAS ÉL Y YO, PERO SE IMAGINA QUE YO NO TENGO EL "OJO". LO QUE SIGNIFICA QUE ESTO ES PURA FACHADA... ESTÁ GANANDO TIEMPO PARA QUE PUEDAN DESARROLLARSE NUESTROS RESPECTIVOS PLANES... NEAR HA DEDUCIDO QUE MIKAMI SE PONDRÁ EN MARCHA UNA VEZ HAYAN DEJADO DE SEGUIRLE LOS PASOS Y ESTÁ ANTICIPÁNDOSE A LAS ANTICIPACIONES...

¿Y POR QUÉ NO? MI POSTURA ES QUE HAY QUE DARLE A NEAR LA OPORTUNIDAD DE HACER LO QUE QUIERA CON TAL DE QUE SE QUEDE TRANQUILO. DE LO CONTRARIO, NO ESTARÁ CONVENCIDO.

NO PUEDE SER.

...

ASÍ QUE ME GUSTARÍA QUE ME MOSTRARAS ESO QUE DIJISTE QUE QUERÍAS ENSEÑARME CON RESPECTO AL CASO KIRA.

NEAR, ESTOY CONVENCIDO DE QUE TÚ ERES QUIEN DICES SER. NO ME IMPORTA TU ROSTRO.

NO PENSABA QUE TE CEÑIRÍAS TAN ESTRECHAMENTE A MIS PREVISIONES...

NEAR... NUNCA HABÍA PENSADO QUE ME RESULTARÍA TAN ARDUO CONTENER LA RISA...

ES ALGO QUE SÓLO PUEDO MOSTRARTE UNA VEZ ME HAYA QUITADO LA MÁSCARA.

ASÍ ES.

NO, LO QUE QUIERE DECIR ES QUE PRIMERO COMPROBARÁ QUE A NADIE LA PASA NADA Y LUEGO SE QUITARÁ LA MÁSCARA Y NOS MOSTRARÁ ESO.

¿NO LO PUEDES MOSTRAR SI NO TE QUITAS LA MÁSCARA, PERO REHÚSAS QUITÁRTELA? ¡ESO ES UNA CONTRADICCIÓN!

ME QUITARÉ LA MÁSCARA.

ES SUFICIENTE... VEO QUE NADIE ESTÁ AFECTADO.

EVIDENTE-MENTE QUE NO. PORQUE KIRA NO ESTÁ ENTRE NOSOTROS.

YA HAN PASADO MÁS DE 30 MINUTOS, NEAR. NO HA OCURRIDO NADA.

¡BUENO, A VER AHORA QUÉ ES ESO QUE QUIERES MOSTRARNOS!

MATSUDA, NO SEAS TAN IMPACIENTE...

TENÉIS QUE ESPERAR UN RATO MÁS.

PERDONAD.

¿PERO PARA QUÉ?

¿¡MÁS TODAVÍA?!

!

X-KIRA...

¡IMBÉCIL!

¿EL ÚLTIMO INDIVIDUO?

PARA QUE LLEGUE EL ÚLTIMO INDIVIDUO, LA CLAVE DE TODO.

ENTRARÁ POR ALLÍ... O BIEN SIMPLEMENTE LA ENTREABRIRÁ PARA MIRAR EL INTERIOR...

ESTE EDIFICIO ESTÁ TOTALMENTE CERRADO. SÓLO SE PUEDE VER EL INTERIOR A TRAVÉS DE ESA PUERTA.

SEGURO QUE VENDRÁ. Y VAMOS A ESPERARLE.

EXACTO. POR ESO MISMO EL QUE VENDRÁ ES O BIEN KIRA O BIEN SU SUBORDINADO, X-KIRA, QUE LLEGARÁ SIGUIENDO LAS ÓRDENES DEL PRIMERO.

¿Y QUIÉN VA A VENIR...?

PERO SI NADIE APARTE DE LOS QUE ESTAMOS AQUÍ SABE NADA SOBRE ESTE LUGAR...

MR. AIZAWA.

...

?

¿HAN SEGUIDO VIGILANDO ESTRECHAMENTE A L INCLUSO DESPUÉS DE LA MUERTE DE TAKADA?

EN ESE CASO, VENDRÁ. KIRA ESTABA USANDO A TAKADA PARA CONTACTAR CON X-KIRA.

SÍ.

EL SECUESTRO DE LA PRESENTADORA POR PARTE DE MELLO FUE UN IMPREVISTO TANTO PARA MÍ COMO PARA L... AL MORIR ELLA, L PERDIÓ SU VÍNCULO CON X-KIRA Y NO HABRÍA PODIDO ANULAR LA OPERACIÓN AUNQUE HUBIESE QUERIDO. QUE NO ES EL CASO, PORQUE HACERLO NO TENDRÍA SENTIDO YA QUE ÉL NO PROMOVERÍA O ACEPTARÍA NINGÚN CAMBIO QUE PUDIERA AFECTAR A SU PROPIO PLAN NI AL MÍO.

LA NOCHE QUE ACORDAMOS ESTA CITA, L Y TAKADA SE VIERON. ASÍ, L LE INDICÓ A X-KIRA EL DÍA Y LA HORA. ESTOY SEGURO DE ESO.

Y VENDRÁ SIGUIENDO LAS INSTRUCCIONES DEL PROPIO KIRA. ¿NO OS PARECE EVIDENTE?

NO. EL QUE VENDRÁ ES EL QUE ACTUALMENTE ESTÁ REALIZANDO LAS PURGAS EN SUSTITUCIÓN DE KIRA.

¡EXACTO! DICES QUE VA A VENIR ALGUIEN DE FUERA, ¡PERO SI LO HACE HAY MÁS PROBABILIDADES DE QUE SEA ALGUIEN DE LOS TUYOS!

¿CÓMO PUEDES ESTAR TAN SEGURO DE QUE L ES KIRA...?

TÚ LO HAS DICHO, NEAR.

Y VERÁ MI ROSTRO Y ESCRIBIRÁ MI NOMBRE.

EXACTAMENTE, TRAERÁ SU CUADERNO...

EH, UN MOMENTO. HABLAS DEL QUE ESTÁ COMETIENDO LOS ASESINATOS DE KIRA; ¿ESO NO IMPLICA QUE TRAERÁ TAMBIÉN SU CUADERNO?

NO. TAL VEZ SERÍA MEJOR DECIR QUE PROVOCARÉ QUE HAGA ADEMÁN" DE MATARME.

¿PRETENDES DEMOSTRAR CON TU PROPIA MUERTE QUE ES EL SICARIO DE KIRA?

...

...ACABARÁ ELIMINANDO A TODOS LOS QUE ESTAMOS AQUÍ, TODOS LOS QUE CONOCEMOS LA EXISTENCIA DE LAS LIBRETAS.

SI EL TAL X-KIRA TE MATA...

¿SÍ?

ESPERA, NEAR...

ESO MISMO. ES LO IDEAL PARA KIRA, ASÍ COMO EL MOTIVO POR EL QUE HA ACEPTADO VENIR.

...

EXACTA-MENTE.

...

¿Y QUE NOS QUEDEMOS DE BRAZOS CRUZADOS?

NO... NO ENTIENDO NADA... ¿QUÉ ESTÁS DICIENDO? ¿QUE VENDRÁ ALGUIEN DE FUERA CON UN CUADERNO PARA MATARNOS? ¿ASÍ POR LAS BUENAS?

NO.

¡QUÉ ESTUPIDEZ...! ESO ES PRECI-SAMENTE LO QUE QUIERE KIRA... ¡ESTAMOS FIRMANDO NUESTRA DERROTA!

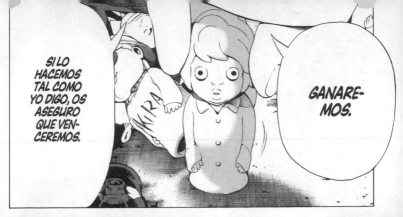

SI LO HACEMOS TAL COMO YO DIGO, OS ASEGURO QUE VENCEREMOS.

GANAREMOS.

SI SIMPLEMENTE SE ABRE UN RESQUICIO, HAREMOS COMO QUE NO NOS DAMOS CUENTA.

QUE QUEDE CLARO. SI ENTRA ALGUIEN POR ESA PUERTA, LE DAREMOS LA BIENVENIDA.

NEAR...

AIZAWA, NO TE METAS DONDE NO TE LLAMAN...

FUISTE TÚ QUIEN PROPUSISTE REUNIR A TODOS LOS QUE CONOCEMOS LA EXISTENCIA DE LOS CUADERNOS. Y AHORA DICES QUE DEJEMOS QUE ESCRIBAN NUESTROS NOMBRES EN UNO DE ELLOS... ¿QUIERES QUE SOSPECHEMOS DE TI...?

NEAR, ACTÚAS COMO SI FUERAS KIRA...

...

PE... PERO ESO ES TAN...

PAGE.102 AGUANTE

¡NO TE MUE-VAS!

N... ¡NO! ¡SI ESCRIBE NUESTROS NOMBRES EN ESA LIBRETA...! VAMOS A...

NO TE PREOCUPES, NO VAS A MORIR. ESPERA UN MOMENTO MÁS.

!

DE... ¿DE QUÉ VAIS...?

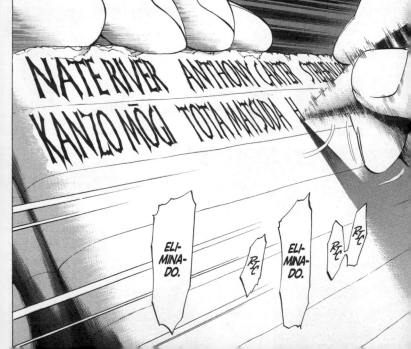

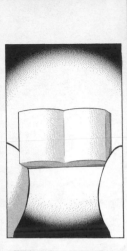

TRANQUILOS, AUNQUE ESCRIBA NUESTRO NOMBRE NO MORIREMOS. AL CONTRARIO, ESTO NOS DEJARÁ CLARO QUIÉN ES KIRA.

PE... ¿PERO CÓMO PUEDES ESTAR TAN SEGURO DE QUE NO MORIREMOS...?

MANIPU-LAMOS SU LIBRETA.

LOGRAMOS TENER ACCESO A ELLA Y CAMBIAR SUS PÁGINAS... EL INDIVIDUO QUE ESTÁ FUERA Y REALIZABA LAS PURGAS DE KIRA RELLENA MATEMÁ-TICAMENTE UNA PÁGINA AL DÍA. POR ESO, DECIDIMOS CAMBIAR LAS PÁGINAS A PARTIR DE LA QUE TOCABA PARA EL DÍA DE HOY, DE MODO QUE NO PUDIERA MATARNOS.

TUVISTEIS ACCESO A ELLA... ¡¿PERO CÓMO...?!

...

¡¿LA MANIPULASTEIS...?!

PE... PERO...

ES... ES CIERTO... AQUÉL CUYO NOMBRE NO HAYA ESCRITO ES KIRA, NO HAY DUDA...

PODEMOS ATRAPARLE EN ESE MOMENTO. PODREMOS SABER QUIÉN ES KIRA TRAS REQUISAR LA LIBRETA Y COMPROBAR CUÁL DE NUESTROS NOMBRES NO HA ESCRITO.

EL QUE ESTÁ AHÍ FUERA ESCRIBIENDO EN EL CUADERNO VOLVERÁ A ECHAR UN VISTAZO AQUÍ DENTRO PARA ASEGURARSE DE QUE HEMOS MUERTO.

...

Y LA CAUSA DE TU DERROTA ES QUE NO HAS OPTADO POR ACABAR SIMPLEMENTE CON EL CASO KIRA, SINO QUE HAS QUERIDO IMPONERTE SOBRE MI, QUE TE HAS EMPEÑADO EN PASARME POR LA CARA UNA PRUEBA IRREFUTABLE DE MI CULPABILIDAD PARA HUMILLARME.

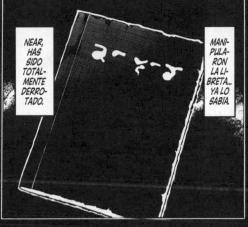

NEAR, HAS SIDO TOTALMENTE DERROTADO.

MANIPULARON LA LIBRETA... YA LO SABÍA.

PERO TU ESTÚPIDO ORGULLO NO LO HA PERMITIDO... QUERÍAS PROBAR MI CULPABILIDAD... HAS PERDIDO POR OBSESIONARTE DEMASIADO CON LA FORMA DE GANAR.

NEAR, SI TU PRIORIDAD HUBIESE SIDO SOLUCIONAR DE UNA VEZ POR TODAS EL CASO KIRA, TE HABRÍA BASTADO CON ACRIBILLARNOS A BALAZOS A MIKAMI Y A MÍ...

NO PUDISTE AÑADIR A LAS CONDICIONES PARA VERNOS QUE NADIE FUERA ARMADO. Y YO, QUE SEGUÍA NEGANDO SER KIRA, TAMPOCO TENÍA RAZONES PARA EXIGIRLO.

PORQUE PARA CONSEGUIR UNA PRUEBA IRREFUTABLE, ES NECESARIO QUE YO ESCRIBA UN NOMBRE EN LA LIBRETA.

NO ES POSIBLE PONERME EN EVIDENCIA.

PARA ESO MANIPULASTE LA LIBRETA.

Y EL ÚNICO MODO DE LLEVARLO A CABO CON GARANTÍAS ES CREANDO LAS CONDICIONES PARA FORZARME A ESCRIBIR TU NOMBRE O EL DE OTRO SABIENDO QUE NO MORIRÉIS.

SIN EMBARGO...

Y TAL Y COMO PENSABA, MANIPULASTE LA LIBRETA...

PERO POR DESGRACIA PARA TI, PUDE CONCLUIR QUE TU REMATE DEFINITIVO IMPLICARÍA HACERLO ASÍ. DE HECHO, ESTABA CONVENCIDO DE QUE PODRÍA IRTE PROVOCANDO POCO A POCO PARA QUE ACABARAS HACIÉNDOLO.

SEGURO QUE CREES QUE YO NO HABÍA PREVISTO LA POSIBILIDAD DE QUE CAMBIARAIS EL CUADERNO. POR ESO HICISTE LO QUE HICISTE.

¡Y EL CUADERNO EN EL QUE AHORA ESTÁ ESCRIBIENDO VUESTROS NOMBRES ES EL AUTÉNTICO, QUE HABÍA PERMANECIDO OCULTO HASTA HOY!

¡EL QUE MANIPULASTE FUE EL CUADERNO FALSO QUE LE PREPARÉ A MIKAMI!

AQUÍ ESTÁ MI VENTAJA SOBRE TI, ASÍ COMO UNA DE LAS RAZONES DE TU DERROTA.

TÚ NO SABES LO DE LOS DERECHOS DE POSESIÓN, NI TAMPOCO QUE ES POSIBLE MATAR CON PÁGINAS SUELTAS ARRANCADAS DEL CUADERNO, O INCLUSO CON PEDAZOS DE LAS MISMAS.

...SUPE QUE ACABARÍAS LOCALIZANDO A MIKAMI, SIGUIÉNDOLE Y FINALMENTE MANIPULANDO SU LIBRETA.

DESDE EL MOMENTO EN QUE DIJISTE QUE DEBÍAMOS VERNOS PARA ZANJAR EL ASUNTO...

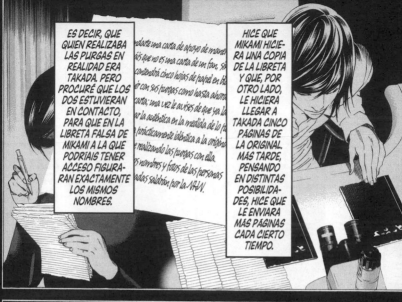

ES DECIR, QUE QUIEN REALIZABA LAS PURGAS EN REALIDAD ERA TAKADA. PERO PROCURÉ QUE LOS DOS ESTUVIERAN EN CONTACTO, PARA QUE EN LA LIBRETA FALSA DE MIKAMI A LA QUE PODRÍAIS TENER ACCESO FIGURARAN EXACTAMENTE LOS MISMOS NOMBRES.

HICE QUE MIKAMI HICIERA UNA COPIA DE LA LIBRETA Y QUE, POR OTRO LADO, LE HICIERA LLEGAR A TAKADA CINCO PÁGINAS DE LA ORIGINAL. MÁS TARDE, PENSANDO EN DISTINTAS POSIBILIDADES, HICE QUE LE ENVIARA MÁS PÁGINAS CADA CIERTO TIEMPO.

ESTO SE REALIZÓ DECIDIENDO DE ANTEMANO LOS DÍAS QUE SE HARÍA Y COORDINÁNDOLO CON TAKADA. ERA ELLA LA QUE SE ENCARGABA DE ELIMINAR A LOS INDIVIDUOS CUYA FOTO Y NOMBRE LE ENVIABA MIKAMI.

LUEGO, INSTÉ A MIKAMI A ESCRIBIR ALGÚN QUE OTRO NOMBRE EN SU CUADERNO FALSO DE MANERA QUE EL PERSEGUIDOR DE MIKAMI PUDIERA SER TESTIGO DE ELLO.

Y ASÍ, SE OS PODÍA CONVENCER, SIN QUE TUVIESEIS NINGUNA DUDA, DE QUE EL CUADERNO DE MIKAMI ERA EL AUTÉNTICO.

LO IMPORTANTE ERA QUE SACARA LA LIBRETA Y MURIESE ALGUIEN JUSTO DESPUÉS; ESO SE LLEVARÍA TODA LA ATENCIÓN.

EL PERSEGUIDOR NO ESTARÍA AL LADO DE MIKAMI Y POR TANTO NO PODRÍA VER LOS MENSAJES QUE MANDABA CON EL MÓVIL. USAR EL MÓVIL, POR OTRA PARTE, ES UN ACTO TOTALMENTE NORMAL EN LA ACTUALIDAD.

PARA SABER SI HABÍA ALGÚN SHINIGAMI... PARA COMPROBAR LA MUERTE DE LOS INSCRITOS... PARA VER CÓMO ESTABAN ESCRITOS LOS NOMBRES Y CUÁNDO SE HIZO...

PROBABLEMENTE LO TOCARÁIS VARIAS VECES.

ERA EVIDENTE QUE PENSARÍAS QUE EL GIMNASIO ERA EL ÚNICO LUGAR EN EL QUE PODER TOCAR EL CUADERNO.

21

LO DECISIVO FUE DAROS LA OPORTUNIDAD DE TOCAR DIRECTAMENTE LA LIBRETA SIN PROVOCAR SITUACIONES FORZADAS. MIKAMI IBA AL GIMNASIO TODOS LOS JUEVES Y DOMINGOS SIN FALTA, DESDE HACE CINCO AÑOS. FUE UNA VERDADERA SUERTE ELEGIRLE A ÉL...

ASÍ, DETERMINASTE EL DÍA DE NUESTRO ENCUENTRO DE MODO QUE RECAYERA EN UNA PÁGINA DE LA PARTE DERECHA. UNA VEZ FIJADA LA CITA, TE BASTABA CON CAMBIAR ESA PÁGINA, O, MEJOR DICHO, TODAS LAS PÁGINAS A PARTIR DE ESA. ¡HE AQUÍ TU PLAN!

NEAR, PLANEASTE MANIPULAR EL CUADERNO BASÁNDOTE EN LO DE "UNA PÁGINA AL DÍA".

PORQUE ÉL ES ENFERMIZAMENTE MANIÁTICO EN SU RUTINA DIARIA Y ESCRIBE EXACTAMENTE UNA PÁGINA AL DÍA. NO PODÍA SALIR MÁS A PEDIR DE BOCA.

Y AQUÍ SALIÓ A RELUCIR OTRA GRAN VENTAJA DE HABER ELEGIDO A MIKAMI.

SÉ QUE EL DÍA 21 DE ENERO, JUEVES, MODIFICASTEIS LA LIBRETA MIENTRAS MIKAMI ESTABA EN EL GIMNASIO. EL DÍA 25 ME LLAMASTE COMENTÁNDOME QUE QUERÍAS VERME EN PERSONA. ES DECIR, QUE ESPERASTE HASTA ESE DÍA TRAS IR EL 24, DOMINGO, DE NUEVO AL GIMNASIO PARA COMPROBAR SI NO HABÍA CAMBIOS EN LA MANERA DE ESCRIBIR LOS NOMBRES.

UNA VEZ COMPROBADO ESTO, TE CONVENÍA QUEDAR CUANTO ANTES CONMIGO. LOS SIGUIENTES DÍAS QUE TOCARÍAN EN UNA PÁGINA DE LA DERECHA DESPUÉS DEL 25 ERAN EL 26 Y EL 28. QUEDAR EL 26 IMPLICABA HACERLO "MAÑANA", LO QUE ERA DEMASIADO TEMPRANO. POR OTRO LADO, EL DÍA 28 SERÍA "DENTRO DE TRES DÍAS". ASÍ, EL 21 CAMBIASTEIS LAS PÁGINAS QUE TOCARÍAN A PARTIR DEL 28.

DÍA 21   DÍA 22   DÍA 23   DÍA 24   DÍA 25   DÍA 26   DÍA 28

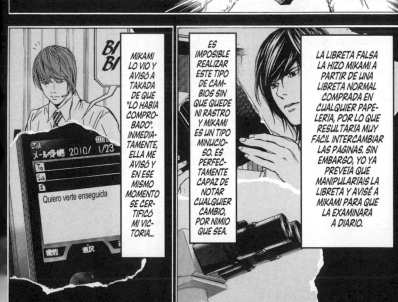

MIKAMI LO VIO Y AVISÓ A TAKADA DE QUE "LO HABÍA COMPROBADO". INMEDIATAMENTE, ELLA ME AVISÓ Y EN ESE MISMO MOMENTO SE CERTIFICÓ MI VICTORIA...

Quiero verte enseguida

ES IMPOSIBLE REALIZAR ESTE TIPO DE CAMBIOS SIN QUE QUEDE NI RASTRO Y MIKAMI ES UN TIPO MINUCIOSO. ES PERFECTAMENTE CAPAZ DE NOTAR CUALQUIER CAMBIO, POR NIMIO QUE SEA.

LA LIBRETA FALSA LA HIZO MIKAMI A PARTIR DE UNA LIBRETA NORMAL COMPRADA EN CUALQUIER PAPELERÍA, POR LO QUE RESULTARÍA MUY FÁCIL INTERCAMBIAR LAS PÁGINAS. SIN EMBARGO, YO YA PREVEÍA QUE MANIPULARÍAIS LA LIBRETA Y AVISÉ A MIKAMI PARA QUE LA EXAMINARA A DIARIO.

DÍA 28

Y ESO ES PORQUE, COMO CREÍAS QUE LA LIBRETA ERA AUTÉNTICA, SI A PARTIR DE ESE DÍA SE ESCRIBÍAN LOS NOMBRES DE LOS INDIVIDUOS A PURGAR EN LAS PÁGINAS CAMBIADAS, LÓGICAMENTE NINGUNO DE ELLOS MORIRÍA Y SE DESTAPARÍA EL PASTEL.

EL DÍA QUE PROPUSISTE, EL 28 A LA UNA DE LA TARDE, ERA INAMOVIBLE.

LO QUE HIZO MELLO NO REPERCUTIRÍA POSITIVAMENTE EN TU PLAN. DE HECHO, REPRESENTABA UNA MOLESTIA CONSIDERABLE Y FUE UN ERROR MAYÚSCULO POR SU PARTE.

SECUESTRO DE LA SEÑORA TAKADA

CUANDO MELLO SECUESTRÓ A TAKADA, TUVE UN INSTANTE DE TITUBEO PERO SUPE QUE HABÍA SIDO UN ACTO INDEPENDIENTE SUYO.

DÍA 28

EN RESUMEN, QUE PUDE CONCLUIR QUE TÚ NO TUVISTE NADA QUE VER CON LO DE MELLO A PARTIR DEL HECHO DE QUE NO CAMBIASTE EL DÍA DE LA CITA. ESO ME PROBÓ TAMBIÉN QUE HABÍAS ECHADO TODA LA CARNE EN EL ASADOR. EL ESTÚPIDO SECUESTRO DE MELLO... ¡NO HIZO MÁS QUE AFIANZAR AÚN MÁS MI VICTORIA!

PROBABLEMENTE PIENSAS QUE LA MUERTE DE TAKADA FUE PROVOCADA POR MIKAMI, PERO NI SIQUIERA QUISISTE CERCIORARTE DE ELLO POSPONIENDO EL DÍA DE LA CITA, Y POR LO TANTO, NO LO HICISTE. PERO AUNQUE LO HUBIESES HECHO, POSIBLEMENTE NO HABRÍA HABIDO PROBLEMA PORQUE MIKAMI, SIEMPRE BRILLANTE, SE HABRÍA ANTICIPADO Y HABRÍA ESCRITO EL NOMBRE DE TAKADA EN EL CUADERNO FALSO.

...INFINITAMENTE INFERIOR A L.

ERES INGENUO...

PERO NEAR, HABÍA UNA MANERA DE VENCERME. O, MEJOR DICHO, DE NO CAER DERROTADO AQUÍ Y AHORA.

ESTOY TAN DECEPCIONADO CONTIGO... ERES DEMASIADO BLANDO... TE HA PERDIDO LA OBSESIÓN POR GANAR DE FORMA BONITA.

LA VIDA DE UNA PERSONA... ¿POR QUÉ NO HACERLO CON UN CRIMINAL? DEBERÍAS HABERTE CERCIORADO HACIENDO UNO O DOS SACRIFICIOS.

HABRÍA SIDO TAN FÁCIL COMO ESCRIBIR UN NOMBRE EN LAS PÁGINAS DE LA LIBRETA QUE IBAS A ARRANCAR PARA MODIFICARLA... TAN SENCILLO COMO ESTO. SI LO HUBIERAS HECHO, HABRÍAS DESCUBIERTO QUE EL CUADERNO ERA FALSO Y HABRÍAS CAMBIADO DE TÁCTICA.

L HABRÍA DEDUCIDO LA POSIBILIDAD DE QUE LA LIBRETA FUERA FALSA Y LA HABRÍA PROBADO. ÉSTA ERA TU OPORTUNIDAD.

Y YO HABRÉ CONSEGUIDO UNA VICTORIA PERFECTA PARA KIRA.

...MORIRÉIS TODOS...

BAH, DA IGUAL... POR TU CULPA...

¿?!

TÚ, EL DE AHÍ FUERA.

DIOS...

!

¿HAS ESCRITO NUESTROS NOMBRES EN TU CUADERNO?

!

...

SÍ, LOS HE ESCRITO.

N... NO, TODAVÍA NO. DEBO AGUANTARME LA RISA... ES DIFÍCIL... PE... PERO...

QUÉ EXTRAÑO.

MEJOR ESPERAR... EN 35 SEGUNDOS PODRÉ ANUNCIAR MI VICTORIA.

NEAR PIENSA QUE VENCERÁ SIN TENER QUE MORIR. PERO PERECERÁ AL CABO DE 40 SEGUNDOS DE HABER QUEDADO SU NOMBRE PLASMADO. NO DEBO REVELAR LA VERDAD HASTA ENTONCES, PORQUE... PODRÍAN INTENTAR ACRIBILLARME PARA MATARME ANTES DE MORIR ELLOS...

?!

BIEN HE- CHO, MIKA- MI...

HE HECHO LO QUE ME PIDIÓ, DIOS.

35, 36, 37...

IMBÉCIL... NO ME MIRES... BAH... LO HACE PORQUE SABE QUE ESTOS GUSANOS VAN A MORIR DE UN MOMENTO A OTRO... ¿POR QUÉ NO...?

¿CUÁNTOS SEGUNDOS HAN PASADO DESDE QUE HAS ESCRITO EL PRIMER NOMBRE?

PAGE.103 ANUNCIO

40.

OS HE DICHO MIL VECES QUE NO MORIRÍAIS.

...

NO MORIMOS... HA PASADO UN MINUTO... Y NO MORIMOS.

NO...

!

¿POR QUÉ NO MUEREN...?

PO... ¿POR QUÉ...?

MIKAMI...

DI... DIOS... YO... HE HECHO LO QUE ME PIDIÓ...

SÍ.

RESTER, GEVANNI, ARRESTAD A MIKAMI.

PE... PERO ESTO NO ES POSIBLE... ¿QUÉ ESTÁ PASANDO...?

LA LIBRETA, GEVANNI.

COMPROBADLO VOSOTROS MISMOS.

DI... DIOS...

NATE RIVER   ANTHONY CARTER   STEPHEN LOUD   HALLE BULLOOK
KANZŌ MOGI   TŌTA MATSUDA   HIDEKI IDE   SHŪICHI AIZAWA

OS ASEGURO QUE LOS CUATRO PRIMEROS NOMBRES SON LOS NUESTROS, LOS DE LOS CUATRO MIEMBROS DE LA SPK. EL ÚNICO QUE ESTÁ AQUÍ Y CUYO NOMBRE NO FIGURA EN ESTA LISTA ES EL DE LIGHT YAGAMI.

ES...

ES DEFINITIVO.

Y MIKAMI TE HA LLAMADO "DIOS" Y HA DICHO QUE HA HECHO LO QUE LE PEDISTE...

...

¿EH?

¡UNA TRAMPA QUE HA MONTA-DO NEAR PARA HACERME CAER! ¡¿NO OS PARECE SOSPECHOSO QUE HAYA ESCRI-TO VUESTROS NOMBRES Y NO HAYÁIS MUERTO?! ¡ES LA PRUEBA DE QUE ES UNA TRAMPA!

¡ESTO ES UNA TRAM-PA!

TE RECUERDO QUE YO MIS-MO HE DICHO QUE NO MORIRÍAMOS PORQUE MANIPULAMOS LA LIBRETA.

EL CUADERNO QUE MANIPU-LASTE ES EL FALSO. ¡Y MIKAMI ACABA DE USAR EL VERDADERO...!

Y... YA, PERO... PERO TÚ...

N... NO...

¡NO ES POSI-BLE....!

YO A ESE TIPO NO LE CONOZCO.

ES UNA TRAMPA...

!

...

...

LIGHT.

¿POR QUÉ...?

LIGHT.

YA ES TARDE; NEAR HA VENCIDO. HACE UN MOMENTO HAS DICHO "HE GANADO", Y ESO EQUIVALE A UNA CONFESIÓN.

DE... ¡DEJAD-ME!

ZAS

DE...
DEJA...

...PERO...

ACABAS DE ANUNCIAR TU VICTORIA...

HAS PERDIDO.

LIGHT YAGAMI... L... KIRA...

?!

Y YO HABRÍA PERDIDO.

EN REALIDAD, HABRÍAS GANADO...

?!

DE HECHO, NOSOTROS CAÍMOS DE PLENO Y MODIFICAMOS EL CUADERNO FALSO.

HICISTE QUE MIKAMI USARA UNA LIBRETA FALSA TODO EL RATO, PROCURANDO QUE YO PENSARA EN TODO MOMENTO QUE ERA VERDADERA. ADEMÁS, LLEGASTE INCLUSO A DEDUCIR QUE YO MANIPULARÍA LA LIBRETA FALSA PARA QUE NO TUVIÉRAMOS QUE MORIR POR MUCHO QUE NUESTROS NOMBRES SE ESCRIBIERAN EN ELLA, Y TOMASTE LAS MEDIDAS OPORTUNAS RESPECTO A ESO.

A TI TE CONVENÍA MI PLAN, POR ESO ME DEJASTE HACERLO... PORQUE ESE CUADERNO QUE MODIFIQUÉ ERA EL FALSO. LUEGO, MIKAMI TRAERÍA LA AUTÉNTICA LIBRETA Y NOS MATARÍA A TODOS.

MI PLAN CONSISTÍA EN CAMBIAR LAS PÁGINAS DEL CUADERNO PARA NO TENER QUE MORIR AUNQUE ESCRIBIERAN NUESTROS NOMBRES EN ELLA... DE AHÍ IBA A OBTENER LA PRUEBA NECESARIA.

ÉSTE ERA TU PLAN.

FALSO

CARTER STEPHEN LO
HIDEKI I
MATSUDA

!!

PERO CUANDO HACE UN MOMENTO HE DICHO QUE HABÍA "MODIFICADO EL CUADERNO", ME REFERÍA NO SÓLO AL FALSO, SINO TAMBIÉN AL AUTÉNTICO.

IMPOSI-BLE...

TOC

FALSO

ES DECIR, QUE RETOQUÉ AMBOS CUADERNOS. EN EL FALSO, HICE QUE CAMBIARAN ALGUNAS PÁGINAS; EN CUANTO AL VERDADERO, LO CAMBIAMOS ÍNTEGRAMENTE.

ÉSTE ES EL CUADERNO DE VERDAD.

GEVANNI HA CONSEGUIDO HACERLO EN SÓLO UNA NOCHE. LA CLAVE DE LA OPERACIÓN ESTABA EN SÍ LOGRARÍAMOS REALIZAR EL CAMBIO A TIEMPO. AUNQUE YA HABÍA TENIDO LA EXPERIENCIA DE CAMBIAR ALGUNAS PÁGINAS DE LA LIBRETA FALSA, REALIZAR UNA COPIA ÍNTEGRA ERA FRANCAMENTE COMPLICADO.

UTILIZÓ EL MISMO TIPO DE BOLÍGRAFO QUE USA MIKAMI E INCLUSO IMITÓ A LA PERFECCIÓN SU CALIGRAFÍA. TANTO POR FUERA COMO POR DENTRO, LA COPIA ES EXACTA.

PERO GEVANNI NO DUDÓ NI UN SEGUNDO EN AFIRMAR QUE PODÍA HACERLO.

¿QUÉ ESTÁ PASANDO...?

...PERO LO CIERTO ES QUE HA ESCRITO SUS NOMBRES PERO NO HAN MUERTO, Y ES LO ÚNICO QUE...

ES MENTIRA... ¡ESO NO ES POSIBLE! MIKAMI SIEMPRE HABÍA UTILIZADO LA FALSA...

¿CAMBIARON LA LIBRETA AUTÉNTICA POR UNA FALSIFICACIÓN...?

?

AL HABER TOCADO LA LIBRETA VERDADERA...

SOY RYUK.

JUJUJU.. ENCANTADO.

ENCANTADO, SHINIGAMI. SOY NEAR.

...PUEDO VER AL SHINIGAMI DESDE EL INSTANTE EN QUE HA ENTRADO AL EDIFICIO.

SI PUEDE VERLE, ENTONCES ES QUE ES CIERTO...

ESTÁ HABLANDO CON RYUK...

RYUK... HASTA HOY, PENSABA QUE LOS SHINIGAMI, DIOSES DE LA MUERTE, TENÍAIS UNA CALAVERA POR CARA Y LLEVABAIS UNA GUADAÑA.

JU, JU... BUENO, TAMBIÉN LOS HAY ASÍ.

RYUK...

SÍ, SE MUEREN.

AL EXAMINAR DETENIDAMENTE ESTA LIBRETA, HE OBSERVADO QUE LE HAN ARRANCADO VARIAS PÁGINAS... ¿ES POSIBLE MATAR A GENTE ESCRIBIENDO SUS NOMBRES EN TROZOS SUELTOS?

*Ciyomi Takada   Suicidio
32 h del 26 de enero de 2010
ida quemándose tras incinerar
sus pertenencias y escritos*

KYOSUKE HIGUCHI

DE HECHO, ES POSIBLE MATAR TANTO COMO SE QUIERA Y SEGUIR BURLÁNDONOS...

VAYA, ASÍ SE ABREN MÚLTIPLES POSIBILIDADES.

CONQUE SE PUEDEN USAR FRAGMENTOS DE LA LIBRETA...

LIGHT YAGAMI, TÚ ERES KIRA.

TO... TODAVÍA NO...

N... NO ME DIGAS QUE MIKAMI SE HA VENDI-DO A NEAR...

!

TI... TIENE QUE HABER ALGÚN TRUCO... MIKAMI HA ESTADO USANDO SIEMPRE LA LIBRETA FALSA... NUNCA HABRÍAN PODIDO CAMBIAR LA VERDADERA...

IMAGINO QUE ESTO TE BASTA PARA ENTENDERLO.

HA SIDO GRACIAS A MELLO.

NO, ÉL NO ME TRAICIONARÍA... ANTES PREFERIRÍA MORIR... PORQUE ASÍ ES MIKAMI... YA, PERO POR MUY RECTO QUE SEA, SI SE LE LLEVA HASTA EL LÍMITE...

TE EQUIVO-CAS.

?!

MELLO... i...! ¡¡IMPOSIBLE!!

¡¿A MELLO?!

¡¿GRACIAS A MELLO?!

IMAGINO QUE ESTO TE BASTA PARA ENTENDERLO.

HA SIDO GRACIAS A MELLO.

FLAP

FÍJATE BIEN EN LA PÁGINA ANTERIOR A LA QUE FIGURAN NUESTROS NOMBRES. ES UNA COPIA CREADA POR NOSOTROS, PERO IDÉNTICA A LA VERDADERA.

LA PRIMERA LÍNEA DE LA PÁGINA IZQUIERDA.

N... NO PUEDE SER QUE MIKAMI HUBIESE TAMBIÉN...

¡KIYOMI TAKADA! SUICIDIO... ¡Y ENCIMA JUSTO UN MINUTO DESPUÉS DEL INSTANTE EN QUE YO MISMO LA MATÉ!

DI... DIOS ESTÁ ACORRALADO Y NO PUEDE ACTUAR...

...

¡TE DIJE QUE HASTA HOY NO HICIERAS NADA FUERA DE LO ACORDADO...!

MALDITO IMBÉCIL...

TA... TAKADA ESTABA EN UNA SITUACIÓN PÉSIMA... MI DEBER ERA...

ASÍ ES. CUANDO MELLO RAPTÓ A TAKADA, MIKAMI SACÓ LA LIBRETA VERDADERA.

Y ESCRIBIÓ EL NOMBRE DE TAKADA.

LA QUE TENÍA ESCONDIDA EN UNA CAJA DE SEGURIDAD DE ALQUILER EN UN BANCO...

NADA MÁS EL ANUNCIARSE EL SECUESTRO DE TAKADA, MIKAMI SE DIRIGIÓ AL BANCO... SEGÚN MIS PESQUISAS, ÉL IBA AL BANCO CADA DÍA 25. ASÍ LO HIZO EN AGOSTO, SEPTIEMBRE, NOVIEMBRE Y DICIEMBRE DE 2009. OCTUBRE FUE UNA EXCEPCIÓN, PORQUE EL 25 CAYÓ EN DOMINGO Y ACABÓ YENDO EL 26.

YOMI TAKADA	SUICIDIO "A LO BONZ
KAMIO AII	27 DE ENERO 00.0
UMEKO M AIMI	27 DE ENERO C
OMIYA CHIKAWA	27 DE ENERO
GORAKI UTADO	27 DE ENERO
AKAMI TÔTSU	27 DE ENERO C

...

EN ESE MOMENTO, Y POR PRIMERA VEZ, MIKAMI PARECIÓ PREOCU-PARSE POR SI LE SEGUÍAN.

PROCU-RANDO MAS DE LO HABI-TUAL NO ACERCARME DEMASIADO A ÉL, LE SEGUÍ AL INTERIOR DEL BANCO Y LE VI DIRI-GIRSE A LA ZONA DE CAJAS DE ALQUILER...

ESTE MES, MIKAMI FUE AL BANCO EL DÍA 25, PERO TAMBIÉN LO HIZO AL DÍA SIGUIENTE, EL 26, EL MISMO DÍA EN QUE SECUESTRARON A TAKADA... ME PARECIÓ MUY SOSPECHOSO TENIENDO EN CUENTA LO ES-TRICTO QUE ES ÉL CON SU RUTINA.

POR ESO, SI TODO HUBIESE IDO SEGÚN TÚ PLANEABAS, YO HABRÍA PERDIDO.

HASTA ESE MOMENTO, LA CO-ORDINACIÓN ENTRE TAKADA, MIKAMI Y TÚ MISMO NOS ENGAÑÓ HASTA EL PUNTO DE MODIFICAR LA LIBRETA FALSA.

VIÉNDOLO EN PERSPECTIVA, DEBERÍA HABER SOSPECHADO DEL HECHO DE QUE MIKAMI SACARA LA LIBRETA EN PÚBLICO Y QUE MURMURARA LO DE "NO HAY NINGÚN SHINIGAMI". HABER LOCALIZADO TAN PRONTO A MIKAMI FUE CASI MI PERDICIÓN.

JUSTO CUANDO OCURRIÓ EL SECUESTRO DE TAKADA, EL ENFERMIZAMENTE METÓDICO MIKAMI FUE DOS DÍAS SEGUIDOS AL BANCO... A UNA CAJA DE SEGURIDAD... SI TENGO QUE SERTE SINCERO, CUANDO GEVANNI LLAMÓ PARA INFORMARME FUE CUANDO CAÍ POR PRIMERA VEZ EN LA POSIBILIDAD DE QUE EXISTIERA UNA LIBRETA FALSA.

SU EXTREMADA IDOLATRIZACIÓN, SENTIDO DEL DEBER, PERFECCIONISMO Y AGILIDAD MENTAL CAVARON, PARADÓJICAMENTE, TU TUMBA.

Y AÚN ASÍ, ÉL ACTUÓ PARA TI... HACIENDO DE SUSTITUTO DE KIRA... DE FORMA PERFECTA...

CUANDO MELLO SECUESTRÓ A TAKADA, SE PERDIÓ EL CONTACTO ENTRE TÚ Y MIKAMI.

FUE MUY SENCILLO ABRIR LA CAJA DE SEGURIDAD.

ADEMÁS, GRACIAS A HABERNOS DEJADO EL TERRENO LIBRE PARA FISGAR EN LA CARTERA DE MIKAMI MIENTRAS ESTABA EN EL GIMNASIO, HABÍAMOS PODIDO HACER COPIAS DE TODAS SUS LLAVES Y TARJETAS.

A NOSOTROS NO NOS RESULTABA IMPOSIBLE INFILTRARNOS EN EL BANCO Y FORZAR LA CAJA FUERTE. Y MENOS TRATÁNDOSE DE UN SISTEMA ANTIGUO DE UN BANCO REGIONAL...

FLAP

DENTRO HABÍA UNA LIBRETA CON EL NOMBRE DE TAKADA INSCRITO.

CUALQUIER IDIOTA HABRÍA PODIDO DEDUCIR EL RESTO A PARTIR DE AQUÍ.

ERA FÁCIL ENVIAR Y RECIBIR LISTAS DE LAS VÍCTIMAS MEDIANTE EL MÓVIL O EL ORDENADOR. LUEGO BASTABA CON BORRARLAS...

CON TAL DE QUE LA LIBRETA FALSA DE MIKAMI PARECIERA AUTÉNTICA, PROBABLEMENTE LE PASÓ PÁGINAS SUELTAS DE LA VERDADERA A TAKADA. ELLA ERA QUIEN SE ENCARGABA DE LAS PURGAS, IMAGINO.

AHORA SABEMOS QUE ES POSIBLE MATAR CON PÁGINAS SUELTAS, PERO MIKAMI PENSÓ QUE, SI REALIZABA ESTOS ASESINATOS EN SU DOMICILIO, EL TRUCO DE LA LIBRETA FALSA O EL HECHO DE QUE ES POSIBLE MATAR CON TROZOS DE HOJAS QUEDARÍA AL DESCUBIERTO SI, POR LA RAZÓN QUE FUESE, NOSOTROS IRRUMPÍAMOS EN SU CASA O BIEN CONTÁBAMOS CON CÁMARAS INSTALADAS EN LA MISMA.

EN CUANTO A LAS PURGAS DE HOY EN ADELANTE, SE PODÍAN REALIZAR IMPUNEMENTE PORQUE NOSOTROS ESTARÍAMOS MUERTOS.

EN CUANTO A LAS PURGAS DE LOS DÍAS 26 Y 27, ES POSIBLE QUE ENVIARA UNA NUEVA LISTA A TAKADA Y QUE ÉL LA PLASMARA EN EL PAPEL ASESINO INCLUSO TRAS SU SECUESTRO. PERO, PARA ASEGURARSE, MIKAMI APROVECHÓ PARA ESCRIBIR TODOS ESOS NOMBRES CUANDO FUE A ESCRIBIR EL NOMBRE DE TAKADA.

SEGÚN TU PLAN, LIGHT YAGAMI...

MEJOR DICHO...

Y ESO ES DEBIDO A QUE NO SE DEBÍA VOLVER A SACAR LA LIBRETA HASTA EL DÍA DE HOY.

ASÍ, AUNQUE SE TRATA DE ALGO EN LO QUE NORMALMENTE NO HABRÍAMOS REPARADO, SI SE EXAMINAN BIEN LOS NOMBRES DE LOS DÍAS 26 Y 27, SE PUEDE OBSERVAR QUE NINGUNO DE ELLOS PERTENECE A CRIMINALES QUE HAYAN COMETIDO CRÍMENES NUEVOS.

PERO TANTO MIKAMI COMO TÚ, AUNQUE NO SÉ QUIÉN LO HIZO PRIMERO, MATASTEIS A TAKADA. AHORA SÉ QUE SE PUEDE ASESINAR CON FRAGMENTOS DE PAPEL, POR LO QUE POR FUERZA TIENES QUE GUARDAR ALGUNO.

LA NOTICIA DE SU MUERTE SE HIZO PÚBLICA INMEDIATA-MENTE Y, PRECISA-MENTE PORQUE TÚ LA MATASTE Y PENSASTE QUE MIKAMI YA SE HABRÍA ENTERADO, NI SIQUIERA SE TE OCU-RRIÓ QUE ÉL PODRÍA HABER ACTUADO POR SU CUENTA.

...MIKAMI NO DEBERÍA HABER SACADO LA LIBRE-TA HASTA HOY.

...

KIYOMI TAKADA   SUICIDIO "A LO B...
KAMO AII   27 DE ENERO 00.05 H
YUMEKO MAIMI   DE ENERO 00....
TOMIYA CHI...   ...ERO O...
SORA...

¡CUANDO MELLO SE-CUESTRÓ A TAKADA, MIKAMI FUE A UTILIZAR EL CUADER-NO VERDA-DERO!

QUÉ LÁSTIMA.

MI-KAMI... TU FIDELIDAD HACIA MÍ ESTÁ FUERA DE TODA DUDA...

DI... DIOS...

HABER CONFIADO EN TU LEALTAD HA SIDO PRECISAMENTE LO QUE...

PERO TAMBIÉN TE DIJE QUE NO SACARAS LA LIBRETA DE VERDAD...

Y TAMBIÉN DIJE QUE ME ESTABAN VIGILANDO Y NO PODÍA ACTUAR... TAL COMO DICE NEAR, SUPONGO QUE ACTUASTE CON TAL DE AYUDARME, ADELANTÁNDOTE A MIS NECESIDADES...

¿!?

TANTO PARA TI COMO PARA MÍ...

...

ERA NECESARIO LLEGAR HASTA ESTE PUNTO PORQUE DE LO CONTRARIO NO HABRÍAMOS PODIDO ATRAPAR A MIKAMI, NI REQUISAR EL CUADERNO, NI TAMPOCO LEERLO. EN ESTE PUNTO, YA NO IMPORTA SI LAS PÁGINAS DE LA IZQUIERDA ESTÁN LLENAS DE NOMBRES O NO.

...EL PLAN CULMINABA CUANDO MIKAMI ESCRIBÍA NUESTROS NOMBRES EN UNA PÁGINA DE LA PARTE DERECHA.

MÁS QUE CAMBIAR UNAS POCAS PÁGINAS, ES MENOS CONSPICUO CAMBIAR TODO EL CUADERNO...

PERO NOSOTROS HICIMOS UNA COPIA DE ESA LIBRETA Y LA CAMBIAMOS POR OTRA FALSA.

SABÍAS QUE LA LIBRETA QUE NOS INSTASTE A MODIFICAR ERA FALSA Y QUE MIKAMI TRAERÍA LA VERDADERA PARA MATARNOS.

...

...FUE MELLO.

POR SUPUESTO, PARTE DEL MÉRITO ESTÁ EN GEVANNI Y RESTER, QUE PUDIERON HACER ESA FALSIFICACIÓN EN SÓLO UN DÍA, PERO QUIEN GENERÓ LAS CONDICIONES PARA QUE ESTO PUDIERA OCURRIR...

YO MISMA LE DIJE QUE NEAR COMENTÓ QUE PRONTO HABRÍA UN CARA A CARA PARA PONER LOS PUNTOS SOBRE LAS IES...

ES POSIBLE QUE MELLO LO SUPIERA.

SÍ...

¿DIRECTAMENTE? ¿QUIERE FORZARLE A ESCRIBIR UN NOMBRE EN LA LIBRETA...?

VISTO AHORA, ESE DÍA...

...

...

...

PUES TENDRÉ QUE TOMAR CARTAS EN EL ASUNTO.

HUBO UN LARGO SILENCIO, TRAS EL CUAL SÓLO DIJO UNA FRASE.

...VISTO LO OCURRIDO Y PENSANDO QUE SI MELLO NO HUBIESE HECHO LO QUE HIZO...

AL PRINCIPIO PENSÉ QUE LO DIJO SIMPLEMENTE PORQUE PRETENDÍA RESOLVER ÉL EL CASO ANTES QUE NEAR, PERO...

SÓLO...

LA POSIBILIDAD DE QUE NOSOTROS MODIFICÁRAMOS LA LIBRETA Y QUE ESA LIBRETA FUERA FALSA...

NO CREO QUE HUBIESE LLEGADO TAN LEJOS.

PORQUE AUNQUE A MÍ NO PUDIESE SUPERARME...

ES CIERTO QUE MELLO SIEMPRE PENSABA EN PONERSE EN ACCIÓN PARA ADELANTARSE A MÍ... PERO SUS ACTOS NO SE LIMITABAN A ESO...

?

AUNQUE NO PUDIESE SUPERAR-ME...

POR LO QUE, AUNQUE NI ÉL NI YO PUDIÉRAMOS SUPERAR NUESTRO OBJETIVO COMÚN...

PROBABLEMENTE YO CAREZCO DE INICIATIVA PARA ENTRAR EN ACCIÓN, MIENTRAS QUE MELLO CARECÍA DE SANGRE FRÍA...

...PERO SABÍA QUE YO NO PODRÍA SUPERAR A L...

MELLO SIEMPRE DECÍA QUE SERÍA EL NÚMERO UNO, QUE NOS SUPERARÍA A MÍ Y A L...

¡...ESTOY PRESENTANDO UNA PRUEBA IRREFUTABLE!

...ANTE EL MISMÍSIMO KIRA, CONTRA EL QUE L NO PUDO CONSEGUIR NINGUNA PRUEBA... CONTRA EL QUE L FUE DERROTADO...

¡UGH!

INTENTA ARGUMENTAR LO CONTRARIO SI ERES CAPAZ.

PUES SÍ. YO SOY KIRA.

PAGE.105 IRRAZONABLE

PUES SÍ. YO SOY KIRA.

¿MA-TARME?

¿QUÉ HARÁS?

DIME.

ESCU-CHA.

ASÍ COMO...

YO SOY KIRA.

Y LO SABES.

EN EL MUNDO ACTUAL, YO SOY LA LEY Y MANTENGO EL ORDEN.

...EL DIOS DEL NUEVO MUNDO.

KIRA SE HA CONVERTIDO EN LA JUSTICIA.

EN LA ESPERANZA DE LA GENTE...

...DE TODO EL ORBE.

¿ESTÁS SEGURO DE QUE ES LO INDICADO?

¿ME MATA-RÁS?

¿PREFERÍS DAR RIENDA SUELTA A VUESTROS EGOS ATRAPAN-DO A KIRA?

PERO AHORA SABÉIS QUE ES UN ACTO MALVADO. LA CONCEPCIÓN DE LA GENTE HA CAMBIADO.

EN ALGÚN MOMENTO DEL PASADO, ARRESTAR A KIRA FORMABA PARTE DE LA "JUSTICIA", LO RECONOZCO.

Y AÚN ASÍ...

EL ADVENIMIENTO DE KIRA SE PRODUJO HACE SEIS AÑOS... EN ESTE TIEMPO, HAN DESAPARECIDO LAS GUERRAS, CASI TODOS LOS DELIN-CUENTES ATROCES HAN MUERTO, Y LA CRIMINALIDAD EN EL MUNDO HA DISMINUIDO UN 70%...

HAY DEMASIADAS PERSONAS INFAMES... POR LO QUE ES PRECISO ERRADICARLAS.

...EL MUNDO SIGUE PODRIDO.

SUCEDE LO QUE TIENE QUE SUCEDER POR POCO QUE HAYA GENTE CORRUPTA.

NO HAY ACCIDENTES...

LAS PERSONAS TIENEN EL DERECHO A ANHELAR LA FELICIDAD Y A CONSEGUIRLA.

Y SIN EMBARGO, POR CULPA DE UNOS POCOS INDIVIDUOS CORRUPTOS, VEN SUS ANHELOS TRUNCADOS SIN PREVIO AVISO CON UNA FACILIDAD PASMOSA.

NO, ANTES DE ESO...

CUANDO LA LIBRETA CAYÓ EN MIS MANOS...

Y SI AUN ASÍ NO CAMBIAN Y SIGUEN COMETIENDO MALDADES, RESULTAN SER FRACASOS COMO SERES HUMANOS.

SERÁN MÁS AMA-BLES...

SI EL MUNDO CAMBIA, TAMBIÉN CAMBIARÁN LAS PER-SONAS...

PERO FUE AL CONTRARIO: ESTABA HABIENDO UNA REGRE-SIÓN...

LA HUMANIDAD HEMOS SIDO Y SOMOS LOS ANIMALES MÁS DESTACADOS SOBRE LA FAZ DE LA TIERRA. NUESTRO DEBER ES SEGUIR EVOLUCIONANDO COMO TALES.

MEJOR DICHO...

CUANDO TUVE EL CUADERNO EN MIS MANOS PENSÉ: DEBO HACER-LO YO.

ERA ALGO QUE ALGUIEN DEBÍA HACER.

TODO ESTABA CORRUPTO... EL MUNDO... LA POLÍTICA... LA LEY... LA EDU-CACIÓN... ¿HABÍA ALGUIEN CAPAZ DE CORRE-GIRLO?

YO DEBÍA RECONDUCIR ESTE MUNDO PODRIDO. FUI ELEGIDO PARA CREAR UN MUNDO IDEAL EN EL QUE REINARA LA PAZ GENUINA.

DEBÍA CONVERTIRME EN KIRA PARA HACERLO. ERA LA MISIÓN QUE SE ME HABÍA ENCOMENDADO.

...SÓLO YO PODÍA HACERLO. SÉ QUE MATAR A PERSONAS ES UN CRIMEN, PERO ERA EL ÚNICO MODO DE ENDEREZAR LA SITUACIÓN. ¡SABÍA QUE ALGÚN DÍA ME DARÍAN LA RAZÓN, QUE LO QUE ESTABA HACIENDO ERA JUSTO!

¿SERÍA CAPAZ DE SEGUIR HACIÉNDOLO?

¿HASTA ESTE EXTREMO?

¿HABRÍA PODIDO HACERLO ALGUIEN MÁS?

Y CON ESTE CUADERNO...

¡COINCIDIRÉIS CONMIGO EN QUE NO HAY MÁS QUE PERSONAS ESTÚPIDAS Y RIDÍCULAS QUE LO UTILIZARÍAN ÚNICAMENTE PARA SU PROPIO OFICIO Y BENEFICIO, QUE LO USARÍAN SÓLO PARA ELLOS MISMOS!

¿PODRÍA GUIAR EN LA DIRECCIÓN CORRECTA A LOS SERES HUMANOS, AL MUNDO ENTERO... ARMADO ÚNICAMENTE CON UNA LIBRETA?

¡ESTOS DESGRACIADOS SON EL VERDADERO ENEMIGO DE NUESTRO MUNDO!

NI POR UN MOMENTO HA PASADO POR MI CABEZA EL PENSAMIENTO DE USARLO PARA MI PROPIO BIEN. ¡NO SOY COMO ESOS ENERGÚMENOS QUE LAVAN EL CEREBRO CON SUS DOCTRINAS A LOS DÉBILES Y LUEGO SE LLENAN LOS BOLSILLOS HASTA REVENTAR!

SÓLO YO PUEDO CREAR EL NUEVO MUNDO... Y ERIGIRME EN SU CÚSPIDE PARA GUIARLO PARA SIEMPRE EN LA DIRECCIÓN CORRECTA.

SÓLO YO PUEDO HACERLO...

EXACTO.

!!

PIÉN-SALO.

ESTOY SEGURO DE QUE INCLUSO TÚ LO COMPRENDES.

ENTRE LOS SERES HUMANOS, LOS HAY QUE ESTARÍAN MEJOR MUERTOS. ¿POR QUÉ ES LÍCITO MATAR A INSECTOS NOCIVOS Y EN CAMBIO RESULTA MALIGNO MATAR A PERSONAS NOCIVAS?

¿PREFIERES QUE EL MUNDO VUELVA A SER LA CIÉNAGA PODRIDA DE ANTES? ¿QUIERES REVERTIR EL CAMBIO DE MENTALIDAD QUE ESTÁ HABIENDO EN LAS PERSONAS?

¿NO ES ESTO UNA SIMPLE BRAVATA? ¿ACASO NO ES MERAMENTE TU EGO?

¿QUÉ CONSEGUIRÁS ARRESTÁNDOME AHORA? ÚNICAMENTE TU SATISFACCIÓN PERSONAL.

¿PUEDES PERMITIRTE EL LUJO DE DESTRUIR A KIRA? ¿ES ESTO POSITIVO PARA EL MUNDO?

...PERO ES PRECISA-
MENTE EL ACTO MÁS
ESTÚPIDO QUE PUEDES
COMETER.

PRE-
TENDES
VENGAR
A L...

...EL DIOS
DEL
NUEVO
MUN-
DO.

QUIEN
TIENES
AHORA ANTE
TUS OJOS
ES KIRA,
SÍ, PERO
TAMBIÉN...

TÚ
ERES...

KIRA

NO.

...HABRÍAS SENTIDO SORPRESA POR LO OCURRIDO A RAÍZ DE TU ACTO, LUEGO MIEDO Y MÁS TARDE ARREPENTIMIENTO...

...POR MUCHO QUE HUBIESES UTILIZADO EL CUADERNO UNA VEZ, MOVIDO POR LA CURIOSIDAD...

SI FUESES UN SER HUMANO DECENTE...

KIYOMI TAKADA SU...

KAMIO AII

YUMEKO MAIMI

TOMIYA CHIKAWA

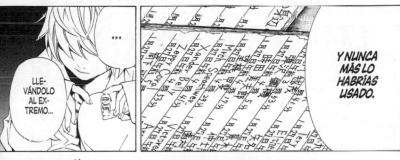

...

LLEVÁNDOLO AL EXTREMO...

Y NUNCA MÁS LO HABRÍAS USADO.

KIRA

PERO TÚ TE HAS DEJADO DOMINAR POR EL PODER DE LOS SHINIGAMI Y LA LIBRETA... Y PRETENDES CONVERTIRTE EN UN DIOS...

...PUEDO LLEGAR A ENTENDER QUE ALGUIEN MATE A VARIAS PERSONAS PARA SU PROPIO BENEFICIO, E INCLUSO CREO QUE ES HASTA CIERTO PUNTO NORMAL.

KIRA

SÓLO ESO.

NADA MÁS.

ERES UN ASESINO DE MASAS ALIENADO.

KIRA

NEAR, ERES TÚ EL QUE ESTÁ EQUIVOCADO... AHORA YO SOY YA LA JUSTICIA.

ES POSIBLE, NO LO NIEGO...

...

!

...Y JUZGARÍA POR MÍ MISMO SI ES CORRECTA O NO.

...Y ESE DIOS EXPRESARA SU DOCTRINA, YO LA CONSIDERARÍA...

SI HUBIESE UN DIOS...

NADIE SABE QUÉ ES CORRECTO Y QUÉ NO; QUÉ ES JUSTO NI QUÉ ES MALO.

CREER QUE UNO TIENE LA RAZÓN Y CONVERTIR ESA FE EN JUSTICIA.

?!

Y TÚ HARÍAS LO MISMO.

Y, EN MI FUERO INTERNO, CONSIDERO A TODAS LUCES MALVADO EL HECHO DE CREERSE UN DIOS Y MATAR IMPUNEMENTE A QUIEN SEA.

TÚ NO ERES NINGÚN DIOS Y, EN MI OPINIÓN, POR MUCHO QUE TÚ INDICARAS EL CAMINO A SEGUIR A TODOS LOS SERES HUMANOS Y QUE ELLOS LO SIGUIERAN, NO SE TRADUCIRÍA NI EN PAZ NI EN JUSTICIA.

¿CÓMO PIENSAN LAS DEMÁS PERSONAS QUE NOS ACOMPAÑAN AQUÍ Y AHORA...? ¿QUÉ CONSIDERAN CORRECTO...? ¿QUÉ CONSIDERAN JUSTO...?

QUÉ ATAJO DE IDIOTAS; NO HAY MANERA DE QUE LO ENTIEN-DAN...

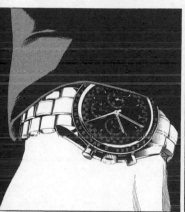

PAGE.106 IMPULSO ASESINO

QUÉ ATAJO DE IDIOTAS; NO HAY MANERA DE QUE LO ENTIENDAN...

PARA MATARLOS, NECESITO TIEMPO Y UN MOMENTO DE DISTRACCIÓN...

SI LOS QUITO DE EN MEDIO, TODAVÍA PODRÉ... CÁLMATE... DEBES PENSAR...

NEAR.

Y LUEGO HICISTEIS QUE MIKAMI COGIERA UNA FALSIFICACIÓN CREADA POR VOSOTROS...

AL PRINCIPIO, PENSASTE QUE LA LIBRETA FALSA QUE HIZO MIKAMI ERA AUTÉNTICA Y LA MODIFICASTE.

DIME, ¿ERES CAPAZ DE AFIRMAR CON ROTUNDIDAD QUE LAS LIBRETAS QUE TENÉIS AQUÍ SON AUTÉNTICAS?

ES DECIR, QUE LOS CUADERNOS QUE AMBOS PENSABAIS QUE ERAN VERDADEROS RESULTARON NO SERLO.

LUEGO, DEBIDO A VUESTROS RESPECTIVOS ERRORES, NO PUDISTEIS PROBAR SI ALGUNO DE LOS CUADERNOS ES DE VERDAD O NO.

TAP

?

...Y LA QUE HA TRAIDO AIZAWA DEL CUARTEL JAPONÉS DE INVESTIGACIONES...

¿SON REALES?

LA LIBRETA QUE TIENES TÚ EN LAS MANOS...

...

¿HA RECURRIDO A UN FAROL...?

...

...

TAP

TAP

SI ESO FUERA CIERTO, ENTONCES SÓLO YO CONOZCO EL PARADERO DE LA VERDADERA...

PERO LA DE AIZAWA ES LA QUE SE GUARDABA EN EL CUARTEL, DONDE YO ESTABA PERMANENTEMENTE... PODRIA HABERLA SUSTRAIDO Y CAMBIADO.

POR LO VISTO, PUEDES VER A RYUK. ASI, SE PUEDE SUPONER, SIENDO MUY BENEVOLENTES, QUE LA QUE TIENES TÚ ES AUTÉNTICA.

SI VUESTRA INTENCIÓN ES DESTRUIR A KIRA, DEBÉIS ESCRIBIR EN ESE CUADERNO QUE TIENE AIZAWA EL NOMBRE DE MIKAMI, PARA DE PASO COMPROBAR SI ES O NO VERDADERO.

TAP
TAP

SI LAS LIBRETAS SON AUTÉNTICAS O NO, AHORA NO ME INCUMBE.

LIGHT YAGAMI... KIRA... NO TENGO NINGUNA INTENCIÓN DE MATARTE.

DE HECHO, TÚ ESTÁS YA PRÁCTICAMENTE ARRESTADO Y CONFISCARÉ LA LIBRETA QUE TIENE MR. AIZAWA. ESO BASTARÁ POR AHORA.

MI OBJETIVO DESDE BUEN PRINCIPIO HA SIDO ATRAPAR A KIRA... MIENTRAS PUEDA ESCLARECER TODO EL ASUNTO Y ARRESTAR A KIRA, YA ESTARÁ BIEN.

CONFÍO EN QUE TODOS LOS QUE ESTÁN AQUÍ PODRÁN GUARDAR EL SECRETO.

LUEGO, NO PIENSO HACER PÚBLICO NI LA DETENCIÓN DE KIRA NI LO DE LOS CUADERNOS.

TAL COMO PENSABA, NEAR NO PIENSA PROBAR LOS CUADERNOS... NI TAMPOCO MATARME AQUÍ...

!!

YO ME ENCARGARÉ, BAJO MI RESPONSABILIDAD, DE TENERTE ENCERRADO HASTA QUE MUERAS EN UN LUGAR APARTADO DE LA VISTA Y LOS OÍDOS DE TODOS.

¿HM? BUENO, SUPONGO...

EN LA PARTE INTERIOR DE LA CUBIERTA DEL CUADERNO HAY DOS NORMAS ESCRITAS QUE CONSIDERO QUE TÚ AÑADISTE A POSTERIORI SEGÚN TU CONVENIENCIA... LA DE LOS 13 DÍAS Y LA DE QUE, SI SE TRATA DE HACER INGERVIBLE EL CUADERNO, TODOS LOS QUE LO HAYAN TOCADO MORIRÁN.

ESTE SHINIGAMI, RYUK, PODRÁ CONFIRMARME SI ESTO ES MENTIRA O NO UNA VEZ HAYAS SIDO ARRESTADO... ES POSIBLE INCLUSO QUE ACCEDA A DECIRME SI LOS CUADERNOS SON VERDADEROS O SON RÉPLICAS.

Y AUNQUE NO PUDIERA SABER SI ES CIERTO O NO, SI SON VERDADEROS O NO, BASTARÁ CON GUARDARLOS DE MODO QUE NADIE PUEDA ACCEDER NUNCA MÁS A ELLOS.

LO IMPORTANTE AHORA ES ATRAPARTE: ARRESTAR A KIRA.

ANTES HE VISTO EL NOMBRE DE NEAR Y POSIBLEMENTE PUEDA ESCRIBIRLO...

TENGO UN TROZO DE HOJA EN EL RELOJ...

EN TAL CASO, BASTARÍA CON MATARLE Y... RESPECTO A LOS DEMÁS, CONVENCERLES DE QUE EL CUADERNO QUE LLEVA AIZAWA ENCIMA ES FALSO...

NEAR NO TIENE NINGUNA INTENCIÓN DE MATARME. ESTO ES SEGURO...

¡LO HA-RÉ!

SIENDO ASÍ, DEBO ESCRIBIR "NATE RI-VER" TAN RÁPIDO COMO PUEDA... EN DOS SEGUN-DOS... NO, EN UNO...

SI TODO VA BIEN, PUEDO ABRIR EL RELOJ SIN QUE SE DEN CUENTA... PERO NO PUEDO ESCRIBIR NADA SIN QUE REPAREN EN ELLO, ESTO ES EVIDENTE.

YA ESTOY LO SUFICIEN-TEMENTE ALEJADO COMO PARA QUE NO PUEDAN ATRAPARME ANTES DE QUE...

TAP

EN FIN. SEAN VERDA-DERAS A FALSAS, NO CREO QUE PERDÁIS NADA EXAMINÁNDOLAS, ¿NO CREÉIS?

156

MA... MA... TSU... DA...

MATSU-DA...

¡¡HIJO DE PUTA!! ¡¿SABES A QUIÉN LE HAS DISPARADO?! ¡¡NO ME JODAS!!

¡¿QUÉ COÑO ESTÁS HACIENDO?!

¡¡SI DISPARAS, DISPÁRALES A LOS DEMÁS!!

¡DIS-PARA! ¡¡MATA A NEAR, A LOS DE LA SPK, A AI-ZAWA, IDE Y MOGI!!

¡¡MAT-SUDA!! ¡PENSABA QUE LO HABÍAS COMPREN-DIDO! ¡KIRA ES LA JUSTI-CIA! ¡KIRA ES NECE-SARIO!!

AH, ¿TE REFIE-RES A SŌICHI-RŌ YA-GAMI?

¿MI PA-DRE?

QU... ¿QUÉ ERA PARA TI EL JEF...? QUIERO DECIR, EL VICEDIREC-TOR... EL VICEDIREC-TOR YAGAMI... ¡ERA TU PADRE...!

¿PARA QUÉ DEMONIOS TUVO QUE MORIR TU PADRE...?

ESTE TIPO DE GENTE ACABA PAGAN-DO SU ESTUPI-DEZ. ¡¿TE GUSTA QUE EL MUNDO SEA ASÍ?!

PERO BUENO, MATSUDA. SABES MUY BIEN QUE LA GENTE TAN ESTÚPIDA-MENTE LEAL, RECTA Y CON UN SENTIDO TAN FUERTE DE LA JUSTI-CIA COMO ÉL SIEMPRE ACABAN MAL.

¡¡MI-
KAMI!!

¡NGH!

PERO ES QUE ASÍ NO PUEDO... Y LA LIBRETA ES FALSA...

¡HAZLO DE UNA VEZ...! ¡ES TU DEBER! ¡¿QUÉ ESTÁS HACIENDO?!

¡¡MÁTA-LOS!!

¿QUÉ HACES? ¡AYÚDA-ME! ¡ES-CRIBE!

¡ERES BASU-RA!

¡¿PERO TÚ TE HAS VIS-TO?! ¡¿POR QUÉ HE TE-NIDO QUE ACABAR ASÍ?! ¡TÚ NO ERES NINGÚN DIOS!

¡CABRÓN!

¡TÚ NO ERES NINGÚN DIOS NI ERES NADA!

SÍ.

MOGI, IDE... VAMOS A ARRESTAR A LIGHT YAGAMI COMO SOSPECHO-SO DE SER KIRA, EL ASESINO DE MASAS...

SI LLEVABA UN TROZO TAN ESCONDIDO EN EL RELOJ, ES QUE YA NO TIENE NINGUNO MÁS ENCIMA.

¡¡NO OS ACER- QUÉIS!!

¡¡ALTO!!

¡MÁTA- LOS, MISA! ¡¡CÁR- GATE- LOS A TODOS!!

Y... ¡¿Y QUÉ HAY DE MISA?! ¡¿QUÉ PASA CON ELLA?!

¡¿QUÉ COÑO TIENE EN LA CABEZA ESA PEDA- ZO DE GILIPO- LLAS?!

¿EN EL HO- TEL?

MISA AMANE ESTÁ EN EL HOTEL IM- PERIAL.

...

¡MÁTA-LOS! ¡ES-CRIBE SU NOM-BRE!

¡TAKA-DA! ¡TAKA-DA, ¿QUÉ HA-CES?!

QU... QUE AL-GUIEN ME...

¡¿MUER-TA?!

KIYOMI TAKADA ESTÁ MUERTA.

QUE ALGUIEN... LOS MATE...

ASÍ ES.

SE ACABÓ, NEAR...

PAGE.107 TELÓN

¡CLARO, RYUK! ¡ESCRIBE! ¡ESCRIBE LOS NOMBRES DE ESTA MORRALLA EN TU CUADERNO!

RYUK...

¡¡

¡¡HAZLO, RYUK!! ¡RÁPIDO!

N... ¡NI SE TE OCURRA, RYUK!

ASÍ, SE DEDUCE QUE RYUK NO LE AYUDARÁ EN ESTE ASPECTO

SI EL SHINIGAMI ACEPTARA ESCRIBIR NUESTROS NOMBRES PORQUE LIGHT YAGAMI, O SEA KIRA, SE LO PIDIERA, YA LO HABRÍA HECHO DESDE EL PRINCIPIO.

NO PASA NADA.

!

¡NO LO HA-GAS!

¡¡JUA, JUA, JUA, JUA!!

PERDONAD, PERO YO SOY UN SHINIGAMI Y NO PODRÉIS MATARME CON ESO. ADEMÁS, LOS SERES DEL MUNDO HUMANO NO PODÉIS TOCAR MIS PERTENENCIAS, LO QUE INCLUYE MI LIBRETA, A MENOS QUE YO LO DESEE.

¡AHORA QUE RYUK HA ACCEDIDO A ESCRIBIR VUESTROS NOMBRES, NO PODRÉIS PARARLE! ¡¡YA ES DEMASIADO TARDE!! ¡¡MORIRÉIS TODOS!!

¡TE JODES, NEAR! ¡¡DEBERÍAS HABERME MATADO CUANDO HAS PODIDO HACERLO!!

?!

...ERES TÚ.

QUIEN VA A MORIR, LIGHT...

¡¡RYUK, HIJO DE....!!

¡¡NO LO HA-GAS!!

¡¡PU....!!

ESTÁ CLARÍSIMO QUE HAS PERDIDO, LIGHT.

HA SIDO BASTANTE INTERE- SANTE, ¿SABES?

NOS HEMOS USADO MUTUAMENTE PARA MATAR EL ABURRIMIENTO DURANTE UNA BUENA TEM- PORADA.

TENÍA ALGUNA ESPERANZA DE VER CÓMO TE ESCAQUEARÍAS DE ÉSTA, PERO SI TIENES QUE RECURRIR A MÍ... ES QUE ESTÁS ACABADO.

LIGHT YAGAMI

¡¿ESTOY DESTINADO A MORIR?!

VO... ¡¿VOY A MORIR?!

MO... MORIR.

Y DE UN ATAQUE AL CORAZÓN. ESTÁ ESCRITO.

EN 40 SEGUNDOS.

N... NO QU... QUIE-RO...

...NO QUIERO MORIR...

LIGHT YAGAMI

NO SEAS CRIO, LIGHT. NO VA NADA CONTIGO.

¡NO LO HA-GAS! ¡NO ME MA-TES!

¡NO ME JODAS! ¡NO QUIERO MORIR!

N... ¡NO! ¡YO NO QUIERO MORIR! ¡¡NI TAMPO-CO IR A LA CÁRCEL!!

¡HAZ ALGO! ¡¡TIENE QUE HABER AL-GÚN MODO, RYUK!!

SI TE METEN EN LA CÁRCEL, VETE TÚ A SABER CUÁNDO MORIRÍAS. ME DA PALO ESPERAR Y COMO YA ESTÁS ACABADO, MÁS VALE QUE MUERAS AQUÍ.

YA TE DIJE AL PRINCIPIO DE TODO QUE, CUANDO MURIERAS, SERÍA TRAS HABER ESCRITO YO TU NOMBRE EN MI CUADERNO. ES UNA NORMA QUE SE ESTABLECE ENTRE EL SHINIGAMI QUE TRAE UN CUADERNO AL MUNDO HUMANO Y LA PERSONA QUE LO TOCA POR PRIMERA VEZ.

ADIÓS, LIGHT YAGAMI.

LA MUERTE DE ALGUIEN CUYO NOMBRE HAYA SIDO PLASMADO EN EL CUADERNO DE MUERTE NO SE PUEDE PREVENIR DE NINGUNA MANERA. TÚ ERES QUIEN MEJOR LO SABE, HOMBRE.

...

OLVÍDALO. ¿AHORA TE DA LÁSTIMA?

...

¡MAT-SUDA!

LIGHT...

¡NO QUIERO IRME!!

¡BUAAH!!

¡NO QUIERO IRME!!

¡NO QUIERO MORIR!!

DA IGUAL LO QUE HAYAN HECHO DURANTE SU VIDA, TODOS LOS MUERTOS VAN AL MISMO SITIO.

NO HAY NI CIELO NI INFIERNO.

LA MUERTE ES IGUAL PARA TODOS.

JO...

JODER...

○ All humans will, without exception, eventually die.

Todos los humanos, sin excepción, acaban muriendo.

○ After they die, the place they go is MU.
(Nothingness)

Tras la muerte, el lugar al que se dirigen es la Nada.

PAGE.108 FINAL

PAGE.108 FINAL

¡NO, ESTOY HARTA DE TANTO ESTUDIAR! ¿NOS VAMOS A TOMAR ALGO O QUÉ?

VAMOS, VAMOS.

¡ME APUNTO!

¡¿PERO DE QUÉ VA?! ¡ESE CABRÓN DE MI VIEJO TODAVÍA NO HA VENIDO A BUSCARME!

¡BRRRM!

¡JA JA JA!

PERO EL MUNDO VUELVE A SER EL QUE ERA ANTES DE SU APARICIÓN.

SE VE QUE TODAVÍA LOS HAY QUE NO DESISTEN Y SIGUEN CREYENDO QUE "KIRA ESTÁ SIMPLEMENTE DESCANSANDO".

SOY PERFECTA-MENTE CONSCIENTE DE LO QUE PASA, PERO A VECES, IDIOTA DE MÍ, ME SIENTO TENTADO DE PENSAR EN QUE SI LO QUE HICIMOS FUE CORRECTO.

...

OYE, MATSUDA, ANÍMATE UN POCO, ANDA...

CLARO QUE FUE CORRECTO, HOMBRE.

SÍ, ES VERDAD...

PORQUE SI NO, ¿PARA QUÉ ESTUVIMOS PELEANDO?

BI BI

¿PODRÍA ECHARME UNA MANO CON LA REDADA?

MR. AIZAWA, LAMENTO LLAMAR TAN DE REPENTE, PERO RESULTA QUE EL GRUPO CRIMINAL AL QUE LLEVO MEDIO AÑO PERSIGUIENDO POR MI CUENTA VA A REALIZAR UNA TRAN-SACCIÓN DE ESTU-PEFACIENTES EN JAPÓN DENTRO DE TRES DÍAS.

SOY WATARI. TIENE UNA LLAMADA DE L, ¿SE LA PUEDO PASAR?

SÍ, POR SUPUES-TO.

ES AIZAWA.

BI BI

DE L.

¿DE DÓNDE HAS SACADO EL CHIVA-TAZO?

EL ALMACÉN YB...

¿UNA IMPORTANTE TRANSACCIÓN DE DROGA EL 31 DE ENERO EN EL ALMA-CÉN YB?

BIP

HM...

ENTEN-DIDO.

...

L...

PUES SÍ...

QUE SALGA ESTE ASUNTO HOY, QUE HACE JUSTO UN AÑO DE AQUEL DÍA, TIENE QUE SER COSA DEL DESTINO...

L... EL ALMACÉN YELLOW BOX.

SE VE QUE ES UN SINDICATO AL QUE L LLEVA MEDIO AÑO PERSIGUIENDO. HAY UNA REUNIÓN A PARTIR DE LAS NUEVE DE LA NOCHE Y L ESTARÁ PRESENTE.

¡PERO ES QUE NEAR SE CARGÓ A MIKAMI, SEGURO!

MATSU-DA.

>BLUF<

¡Y ENCIMA A LAS ÓRDENES DE L! VAYA GANAS...

MIKAMI ENLOQUECIÓ EN SU CELDA DIEZ DÍAS DESPUÉS Y MURIÓ.

NO, MI DEDUCCIÓN ES INFALIBLE.

¿OTRA VEZ TÚ Y TUS TEORÍAS...? ¡NO PUEDES ESTAR "SEGURO" DE ESO, HOMBRE!

SEGURO QUE ESCRIBIÓ "TERU MIKAMI. EL 28 DE ENERO DE 2010, A LAS 13.30 H, SE DIRIGE AL ALMACÉN YELLOW BOX SIN SOSPECHAR QUE HAN INTERCAMBIADO SU CUADERNO NI TAMPOCO PROBAR QUE SEA VERDADERO O NO Y, DIEZ DÍAS DESPUÉS, ENLOQUECE Y MUERE".

...SIGNIFICA QUE NEAR TENÍA LA AUTÉNTICA, QUE ES LA QUE CAMBIÓ GEVANNI.

SI LA LIBRETA QUE MIKAMI TRAJO AHÍ HACE UN AÑO ERA UNA FALSIFICACIÓN...

...NO HAY DUDA DE QUE ESCRIBIÓ ESO PARA CUBRIRSE LAS ESPALDAS. UNA VEZ HECHO, HABRÍA IMPEDIDO QUE MIKAMI DESCUBRIERA LA FALSIFICACIÓN Y TAMBIÉN HABRÍA ACOTADO TODOS SUS MOVIMIENTOS.

NEAR AFIRMÓ QUE MIKAMI ERA UN TIPO LISTO, Y SI CONSIDERAMOS QUE LIGHT POSIBLEMENTE LE DIJO QUE LLEVARA EL CUADERNO UNA VEZ LO HUBIESE PROBADO...

¡ESO ES PRECISAMENTE UN ASPECTO QUE APOYA MI DEDUCCIÓN, ¿NO TE PARECE?!

...YA NO HAY CUADERNOS. NO HAY PRUEBAS.

YA, PERO... AUNQUE TU TEORÍA RESULTASE SER CIERTA...

ASÍ PUDO DESTRUIR LAS PRUEBAS DE LO QUE ESCRIBIÓ RESPECTO A MIKAMI... NORMALMENTE, UNO TENDRÍA DEMASIADO MIEDO Y PASARÍA DE INCINERAR ESO.

CUANDO RYUK AFIRMÓ QUE ERAN FALSAS TANTO LA NORMA DE LOS 13 DÍAS COMO LO DE QUE TODOS LOS QUE HABÍAN TOCADO UN CUADERNO MORIRÍAN SI ÉSTE SE QUEMABA O DESTRUÍA, NEAR NO DUDÓ NI UN INSTANTE EN QUEMAR LOS DOS CUADERNOS.

...FUERON LAS ARMAS DE DESTRUCCIÓN MASIVA MÁS DIABÓLICAS Y PODEROSAS DE LA HISTORIA.

¡TE DIGO QUE SÍ LO ESTABA!

PUEDE QUE LIGHT, POR MUCHO QUE ESTUVIERA INCOMUNICADO CON MIKAMI, PUDIERA SABER SI MIKAMI ESTABA SIENDO CONTROLADO O NO...

LO ÚNICO SEGURO QUE PUEDO DECIR AHORA ES QUE... TAL COMO DIJO NEAR, ESOS CUADERNOS...

¿HM? ANDA, ÉSTA ES NUEVA.

PERO IDE, ¿NO CREES QUE PODRÍA SER QUE, DESDE EL MOMENTO EN QUE LA MANIPULARON, NEAR PENSARA QUE LA LIBRETA QUE LLEVABA MIKAMI ENCIMA ERA UNA FALSIFICACIÓN?

HACIÉNDOLO, PREVIÓ QUE MELLO SE PON-DRÍA EN MARCHA. DE HECHO, LE EMPUJÓ A HACERLO.

ESCUCHA. NEAR SABÍA QUE LIDNER Y MELLO ESTABAN EN CONTACTO. ASÍ, PODÍA UTILIZARLA A ELLA PARA HACERLE LLEGAR A MELLO LOS DATOS QUE LE INTERE-SABAN, CUANDO LE INTERESABA.

...

...

SI MELLO SE METÍA POR EN MEDIO, SABRÍA QUE EL CUADER-NO ERA FALSO.

O, AUNQUE NO LLEGARA A UNA CONCLUSIÓN DEFINITIVA, POSI-BLEMENTE PODRÍA CONSE-GUIR ALGUNA PISTA.

¿NO CREES QUE PRECISA-MENTE POR ESO MELLO SE PONDRÍA EN MARCHA ANTES, CON TAL DE SUPERAR A NEAR?

ME PARECE QUE ESTÁS DÁNDOLE DEMA-SIADO AL TARRO... FUE NEAR QUIEN PROPUSO QUEDAR EL 28 DE ENERO, TE LO RECUERDO.

¿...NO CREES QUE NEAR HABRÍA SOLTADO QUE "MEJOR ANULAR LO DEL DÍA 28..."?

SI ESTO HICIERA QUE SE PUSIERA EN MARCHA... Y SI LUEGO NO HUBIESE NINGÚN AVANCE A PESAR DE LA INTROMISIÓN...

¿NO LO SON?

TUS DEDUCCIONES NO SON DEDUCCIO-NES...

MEJOR DICHO...

MATSUDA, LE DAS DEMASIADAS VUELTAS...

¿DESEOS?

SON DESEOS.

EXACTO... DESEOS.

LIGHT ERA KIRA...

...

...

Y A TI TE CAÍA BIEN LIGHT, ¿NO ES ASÍ?

YA TE HE DICHO ANTES QUE LO QUE HICIMOS FUE LO CORRECTO. NO ME CABE DUDA.

¿CÓMO PUEDES ESTAR TAN CONVENCIDO DE ESO, IDE?

¿DESEOS...? TAL VEZ TENGAS RAZÓN...

...NOSOTROS NO ESTARÍAMOS VIVOS AHORA.

POR ESO LO DIGO.

...

ER... PERDONA... SÉ QUE EL PROBLEMA LO TENGO YO, POR EMPEÑARME EN COLOCAR EN LA BALANZA LA SOCIEDAD DE KIRA Y LA SOCIEDAD ACTUAL...

PUES TIENES RAZÓN.

HOMBRE, SI ME LO PONES ASÍ...

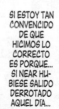

SI ESTOY TAN CONVENCIDO DE QUE HICIMOS LO CORRECTO ES PORQUE... SI NEAR HUBIESE SALIDO DERROTADO AQUEL DÍA...

PERSONALMENTE, YO NO CREO QUE TÚ TENGAS UN PROBLEMA, ASÍ COMO TAMPOCO PUEDO AFIRMAR QUE NEAR REPRESENTE LA JUSTICIA.

¡HOMBRE, YAMAMOTO! ¡SI TE HAN PERMITIDO ESTAR EN ESTA REUNIÓN, ES QUE HAS PROGRESADO MUCHO, CHAVAL!

HOLA, BUENAS NOCHES.

BUENAS NOCHES.

AQUÍ L. VEO QUE YA ESTÁN TODOS.

¿EH? ¿OTRA VEZ...? VENGA, SEÑOR MATSUDA, NO SEA ASÍ...

¿NOS VAMOS A TOMAR UNA COPA CUANDO NOS HAYAMOS PULIDO ESTE CASO?

SÍ, CLARO, TÚ MISMO.

¡MATSUDA! ¡UN POCO DE SERIEDAD!

BIEN, VOY A DARLES LOS DETALLES SIN MÁS DILACIÓN.

NUES-
TRO
SEÑOR
KIRA...

Thus concludes this story of the DEATH NOTE.

▫ Once dead, they can never come back to life.

Los muertos no pueden volver a la vida.

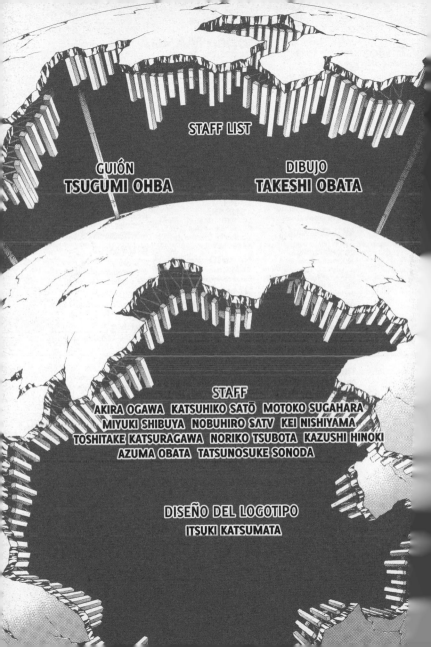

STAFF LIST

GUIÓN
TSUGUMI OHBA

DIBUJO
TAKESHI OBATA

STAFF
AKIRA OGAWA   KATSUHIKO SATŌ   MOTOKO SUGAHARA
MIYUKI SHIBUYA   NOBUHIRO SATV   KEI NISHIYAMA
TOSHITAKE KATSURAGAWA   NORIKO TSUBOTA   KAZUSHI HINOKI
AZUMA OBATA   TATSUNOSUKE SONODA

DISEÑO DEL LOGOTIPO
ITSUKI KATSUMATA

Shonen MANGA

Art BOOKS

Libros MANGA

www.edicionesglenat.es

Novedades

Noticias

Reportajes

Foros

Visita nuestra tienda on-line

¡TODA LA INFORMACIÓN QUE NECESITAS SOBRE TUS MANGAS FAVORITOS, LA TIENES EN NUESTRA WEB!

¡NO TE PIERDAS LAS AVENTURAS DE ESTE SALVAJE APRENDIZ DE NINJA!

A LA VENTA CADA DOS MESES

Glénat

DEATH NOTE N° 12

DEATH NOTE © 2003
by Tsugumi Ohba, Takeshi Obata
All rights reserved.
First published in Japan in 2003 by SHUEISHA Inc., Tokyo.
Spanish translation rights in Spain arranged
by SHUEISHA Inc. through VIZ Media, LLC, U.S.A.

Edición española:
Director editorial: Joan Navarro
Asesor: Enric Piñeyro
International rights: Sonoe Nanko
Traducción: Marc Bernabé (Daruma Serveis Lingüístics, SL)
Rotulación y retoques de interior: Acrobat Estudio
Diseño Gráfico: Luis Domínguez y José Miguel Álvarez
Redacción: Alejo Valdearena
Editor: Félix Sabaté

© 2007 Ediciones Glénat España, S.L.
C/ Tánger 82,1°
08018 Barcelona
www.edicionesglenat.es
e-mail: info@edicionesglenat.es

ISBN: 978-84-8357-294-8
Depósito legal B-37535-2007
Impreso por Aleu, S.A.
Printed in Catalonia